BIOGRAPHIES
ALSACIENNES

AVEC

PORTRAITS EN PHOTOGRAPHIE

par

Ant. MEYER

PREMIÈRE SÉRIE — 1883

DEUXIÈME ÉDITION

COLMAR
ANT. MEYER, Éditeur, rue des Clés, 18
1888

BIOGRAPHIES
ALSACIENNES

AVEC

PORTRAITS EN PHOTOGRAPHIE

par

Ant. MEYER

---- ∗ ----

PREMIÈRE SÉRIE — 1883

DEUXIÈME ÉDITION

COLMAR
ANT. MEYER, Éditeur, rue des Clés, 18
1888

TABLE

1. Bruat.
2. Kœchlin, Nicolas.
3. Hirn, Gust.-Ad.
4. Wurtz.
5. Bartholdy.
6. Lambert.
7. Keller, Emile.
8. Kléber.
9. Grad.
10. Ingold.
11. Pfeffel, Th.-Conrad.
12. Henner.
13. Koch.
14. Siegfried, Jacques.
15. Léon IX.
16. Baron de Bussière.
17. Andrieux.
18. Hofer.
19. Rapp.
20. Heeckeren.
21. Hirn, Jean-George.
22. Billing.
23. Scheurer-Kestner.
24. Richard, Alexandre.
25. Struch, Antoine.
26. Grandidier.
27. Oberlin, J.-Fréd.
28. Benner frères.
29. Ristelhuber, P.
30. Waldner de Freundstein.
31. Marquis d'Argenson.
32. Spener.
33. Rathsamhausen.
34. Pfeffel, Christian-Frédéric.
35. Siegfried, Jules.
36. W. de Freundstein, Godefroi
37. Baronne d'Oberkirch.
38. Stœber, Auguste.
39. Kirschleger, F.
40. Martin, Ch.
41. Kœchlin-Schlumberger.
42. Ernst-Amélie.
43. Bleicher, Gustave.
44. Sturm, Jean.
45. Engel-Dollfus.
46. Sturm de Sturmeck.
47. Lazare de Schwendi.
48. Reubel.

ANT. MEYER, PHOTOG. COLMAR   DÉPOSÉ

BRUAT, Armand-Joseph

BRUAT, Armand-Joseph

COLMAR cite avec orgueil au nombre de ses enfants deux jouteurs intrépides, qui occupent une large place dans les fastes militaires de leur époque : le général comte Jean Rapp et l'amiral Bruat. C'est à ce dernier qu'est consacrée la notice qui va suivre.

Le brillant et héroïque marin, qui mourut sur son vaisseau, le lendemain de la victoire, est né à Colmar, le 27 mai 1796. Admis en 1811 à l'Ecole navale de Brest, le jeune Bruat se montra dès l'abord plein de cette audace et de ce sang-froid merveilleux qui atteignirent parfois, dans le cours de ses campagnes aventureuses, les proportions de la légende. « Dès le premier jour, dit son biographe[1], on le vit grimper à la pomme du grand mât, se suspendre par les pieds sous la hune et courir au bout de la corne, pour y faire, les bras étendus, la *renommée*. Ruyter, au clocher de Flessingues, ne bravait pas avec plus d'indifférence le vertige. » Enseigne de vaisseau en 1819, lieutenant en 1827, officier de manœuvre du *Breslau* à la bataille de Navarin et au siége du château de Morée, décoré après ces affaires, le jeune marin de Colmar reçut, le 1ᵉʳ janvier 1830, le commandement du *Silène*, attaché au blocus de la côte d'Afrique. Le naufrage de ce brick, la captivité de Bruat et de ses compagnons, tombés

---

[1] *La marine d'aujourd'hui*, par le vice-amiral Jurien de la Gravière.

entre les mains des Kabyles, les preuves d'abnégation et de force d'âme qu'il donna à cette occasion, survivent dans les traditions de la marine. Délivré par la prise d'Alger, Bruat, après plusieurs missions couronnées de succès dans les mers du Levant et de l'Archipel grec, nommé capitaine de corvette, fut à son retour envoyé à Lisbonne, puis choisi en 1838 pour capitaine de pavillon par l'amiral Lalande. Il fit sous ses ordres la campagne du Levant sur l'*Iéna* et le *Triton*. Nommé en 1843 gouverneur des îles Marquises, puis commissaire du roi Louis-Philippe auprès de la reine de Taïti, Pomaré, il parvint, après une campagne admirable contre les insulaires, pendant laquelle il brava journellement la mort, à imposer à la reine le protectorat de la France. Contre-amiral en 1846, Bruat reçut en 1843 la préfecture maritime de Toulon et réussit par son énergie à apaiser les troubles produits dans cette ville par les passions révolutionnaires. Il alla ensuite pacifier les Antilles, soulevées par les noirs. Vice-amiral en 1852, il prit place au conseil de l'amirauté et fut appelé à commander la flotte de l'Océan. Lorsque éclatèrent les hostilités avec la Russie, il rallia l'amiral Hamelin dans la mer Noire. Investi le 4 octobre 1854 du commandement suprême de l'armée navale, il prit une part active à la prise de Sébastopol par ses brillantes expéditions de la mer d'Azow, de Kertch et de Kinburn, qui lui valurent le titre d'amiral. Il revenait en France, quand il mourut pendant la traversée.

« L'amiral Bruat est mort sur son vaisseau. Quand le *Montebello* est venu jeter l'ancre sur la rade de Toulon, qu'il avait quittée au mois de mars 1854, le pavillon, que les acclamations enthousiastes de deux escadres avaient salué sur les côtes de la Crimée le 17 septembre 1855, flottait encore au grand mât; le drapeau si fièrement déployé devant Sébastopol et devant Kinburn, ce drapeau troué en vingt endroits par les projectiles ennemis, était encore arboré à la poupe, mais ces signes glorieux n'étaient plus que des signes de deuil; amenés en berne, ils rendaient un dernier hommage aux dépouilles mortelles de l'illustre amiral. Ils disaient à cette escadre qu'il avait si noblement commandée, à ces marins qui tous savaient son nom, dont plusieurs l'avaient suivi à Navarin, à Alger, à Taïti, à Toulon, aux Antilles, que désormais ce seraient d'autres chefs qui les conduiraient à l'ennemi; que l'officier de manœuvre du *Breslau*, le capitaine du *Silène* et du *Palinure*, le commandant du *Grenadier* et du *Ducouëdic*, le capitaine de pavillon de l'amiral Lalande, le gouverneur de Taïti, le préfet maritime de Toulon, le gouverneur général de la Martinique et de la Guadeloupe en des jours difficiles, le commandant en chef de l'escadre de l'Océan et plus tard de l'escadre de la Méditerranée, l'homme qui avait conçu et accompli les expéditions du Kertch et de Kinburn, venait de rendre sa belle âme à Dieu[1]. »

Un monument, d'une conception magistrale, œuvre de M. Auguste Bartholdi, a été érigé à la mémoire de Bruat par ses concitoyens, en 1864.

---

[1] Discours prononcé sur la tombe de l'amiral Bruat, par le contre-amiral Jurien de la Gravière.

KŒCHLIN, Nicolas

KŒCHLIN, Nicolas

INDUSTRIEL, né à Mulhouse en 1781, était fils de Jean Kœchlin et petit-fils de Samuel Kœchlin, l'un des trois fondateurs de la première fabrique d'indiennes de Mulhouse.

Nicolas Kœchlin, après avoir fait ses premiers essais auprès de son père, fut envoyé d'abord à Hambourg, et plus tard en Hollande. De retour dans sa patrie, il fut employé chez son oncle, M. Dollfus-Mieg, mais il s'en sépara bientôt pour fonder, en 1802, cette maison d'impression qui acquit plus tard une si grande renommée sous la raison de commerce Nicolas Kœchlin et frères. Sous sa direction habile, et grâce à l'activité et au savoir des nombreux associés, père, frères, beaux-frères, neveux, qui composaient la maison, elle s'éleva à un état de prospérité tel qu'il fallut l'agrandir.

En 1806, elle forma en société avec Duport, de Lyon, l'établissement de filature et de tissage de Massevaux, Kœchlin et Duport.

En 1809, la maison Nicolas Kœchlin et frères, en société avec MM. Mérian, de Bâle, fonda à Lœrrach une fabrique d'impression, sous la raison Mérian et Kœchlin.

En 1820, la même maison établit une filature à Mulhouse, dans la Cour de Lorraine.

Puis après trente-quatre ans d'une existence honorable et brillante, pendant lesquelles Nicolas Kœchlin avait été l'âme de cette vaste entreprise, le grand nombre d'associés, ainsi que la variété et l'étendue de ses affaires, firent que la maison Nicolas Kœchlin et frères se divisa en plusieurs sociétés nouvelles.

Nicolas Kœchlin, s'occupant alors de la prospérité de sa ville natale, conçut le projet du nouveau quartier, et il s'associa dans ce but M. Mérian, de Bâle, et M. Jean Dollfus. Au centre de ce quartier il se fit construire un hôtel monumental, où, grâce à sa munificence, siège aujourd'hui la Société industrielle dont il fut l'un des membres les plus actifs.

Nicolas Kœchlin a figuré pour des sommes considérables dans toutes les souscriptions qui ont eu pour objet de soulager une infortune nationale ou particulière, et il a fondé, à Massevaux, un asile pour les ouvriers vieux ou infirmes sortis de ses ateliers.

En 1813, Nicolas Kœchlin, colonel de la garde nationale de Mulhouse, après avoir, à l'approche de l'invasion, secondé l'administration du département dans les préparatifs de défense du pays, et garanti, par un engagement personnel de deux cent mille francs, une partie de l'approvisionnement d'Huningue, ferme ses ateliers et va se mettre à la disposition de Napoléon, qui, touché de cette preuve éclatante de patriotisme, le nomme officier d'ordonnance volontaire de son compatriote, le maréchal Lefebvre. C'est en cette qualité qu'il fit la campagne de France pendant laquelle il fut décoré de la croix de la Légion d'honneur.

Nicolas Kœchlin reçut cette distinction le 18 février 1814, à Nangis; et le duc de Dantzick lui annonça sa promotion par une lettre des plus flatteuses; mais le brevet n'ayant pas été expédié, Nicolas Kœchlin ne prit rang réellement parmi les chevaliers de l'ordre, que lorsque Charles X le décora de nouveau, à son arrivée à Mulhouse, en 1828.

Lorsque Napoléon revint de l'île d'Elbe, Nicolas Kœchlin, encore colonel de la garde nationale, se jeta en partisan dans les Vosges, se tenant en communication avec la division Lecourbe, à Belfort; mais l'issue fatale et prompte de cette campagne hâta son retour.

Elu par la ville de Mulhouse, de 1830 à 1841, pour la représenter à la chambre des députés, il alla s'asseoir sur les bancs de la gauche, à la place de son frère Jacques Kœchlin.

Nicolas Kœchlin a été juge au tribunal de commerce de Mulhouse; président de la chambre de commerce; membre du conseil général du Haut-Rhin; membre du conseil supérieur du commerce et des manufactures; inspecteur du travail des enfants dans les manufactures; en 1839, membre du jury central de l'exposition de l'industrie française. En 1848, il fut l'un des commissaires chargés par le gouvernement provisoire d'administrer le département du Haut-Rhin.

Après la scission de 1836, Nicolas Kœchlin trouva dans la création des chemins de fer d'Alsace un aliment à son infatigable activité; aussi n'hésita-t-il pas à engager sa maison dans une entreprise alors gigantesque, et à en entreprendre l'exécution à forfait, à ses risques et périls.

Il eut à lutter contre des obstacles de toute nature; mais, puissamment secondé par ses associés, Edouard Kœchlin et Carlos Forel, aidé du concours des savants ingénieurs Bazaine et Chaperon, il parvint à achever son œuvre dans l'espace de trois ans au lieu de six exigés pour son exécution complète par la loi de concession.

L'inauguration de son œuvre donna lieu à des fêtes dignes d'un souverain[1].

Nicolas Kœchlin est mort le 15 juillet 1852, à l'âge de soixante-onze ans. Une grande partie de la population de sa ville natale et de nombreux amis, accourus des deux départements, ont tenu à rendre les derniers devoirs à l'une des premières notabilités de l'Alsace.

---

[1] *Bulletin de la Société industrielle de Mulhouse.* — Séance du 29 septembre 1852. — Notice nécrologique sur M. Nicolas Kœchlin, par M. le Dr Penot.

ANT. MEYER, PHOTOG. COLMAR   DÉPOSÉ

HIRN, Gustave-Adolphe

HIRN, Gustave-Adolphe

PHYSICIEN

Né au Logelbach le 21 août 1815.

LISTE DES OUVRAGES QU'IL A PUBLIÉS.

OUVRAGES PUBLIÉS A PART:

Recherches sur l'Equivalent mécanique de la Chaleur; Conclusions philosophiques générales; présentées à la Société de Physique de Berlin et couronnées en 1857.

Exposition analytique et expérimentale de la Théorie mécanique de la Chaleur; trois éditions : la première, 1862, en un volume; la deuxième, 1865, en un volume; la troisième, entièrement refondue et beaucoup augmentée, en deux volumes, 1875-1876. Chez Gauthier-Villars, libraire et imprimeur, à Paris.

Mémoire sur les conditions d'équilibre et sur la nature probable des Anneaux de Saturne, in-4°, avec planches 1872. Chez Gauthier-Villars, à Paris.

L'auteur démontre que les Anneaux ne peuvent être des solides d'une pièce; qu'ils pourraient être et qu'ils ont probablement été des corps liquides ou gazeux, mais qu'ils n'ont sous cette forme qu'une existence éphémère; enfin que la seule hypothèse qui réponde aux faits connus consiste à les considérer comme formés de parties solides de petites dimensions, séparées les unes des autres par des intervalles vides, et décrivant chacune une orbite spéciale autour de la planète.

Les Pandynamomètres, théorie et appplication; (pandynamomètre de torsion et pandynamomètre de flexion), in-18. Chez Gauthier-Villars, à Paris.

Analyse élémentaire de l'Univers, 1869. Chez Gauthier-Villars, à Paris.

M. Faye, Membre de l'Institut, après avoir présenté cet ouvrage à l'Académie des sciences dans la séance du 2 novembre 1868, et après en avoir analysé le contenu, termine ainsi :

« Je ne puis m'empêcher d'applaudir aux efforts de notre
« savant Correspondant; j'ai parcouru son livre avec un vif
« intérêt, bien souvent avec un vif sentiment d'adhésion; je
« le recommande à nos Confrères. A ceux qui ne répugnent
« pas aux généralisations hardies, ce livre rappellera le temps

« de Descartes et de Leibnitz, où la Science et la Philosophie
« n'étaient pas aussi étrangères l'une à l'autre qu'elles le sont
« devenues depuis, et ceux qui sont moins sensibles aux
« charmes de la Métaphysique y trouveront un admirable
« tableau des relations qui soudent la Thermodynamique à
« toutes les sciences que nous cultivons. »

OUVRAGES
INSÉRÉS DANS DES PUBLICATIONS PÉRIODIQUES :

Revue d'Alsace.

Série d'Études sur les Lois et sur les Principes constituants de l'Univers, 1850, 1851, 1852.

Les Tables tournantes. (Réflexions peu scientifiques en apparence sur une question peu scientifique au fond.) 1853.

Henri Lœwel. Analyse de ses travaux sur la sursaturation des dissolutions salines, 1860.

Fantaisie à propos des photographies de Braun à Dornach, 1861.

La Musique et l'Acoustique; Aperçu général sur leurs rapports et sur leurs dissemblances. (Tiré à part et déposé chez Gauthier-Villars, à Paris, 1878.)

La Vie future et la Science moderne. (Tiré à part et déposé chez E. Barth, libraire à Colmar, 1882.)

Revue germanique.

Hans Christian Oersted; Sa philosophie, 1860.

Bulletin de la Société industrielle de Mulhouse.

Essai sur la théorie mathématique des ventilateurs, 1845.

Notice sur le jaugeage des cours d'eau, 1846.

Mémoire sur les Frottements, 1854.

Mémoire sur l'utilité de l'Enveloppe à vapeur de Watt, 1854.

Mémoire sur l'emploi de la vapeur surchauffée, 1856.

Sur les méthodes propres à déterminer la quantité d'eau entraînée par la vapeur, 1869.

Pandynamomètres. (Tiré à part et déposé chez Gauthier-Villars, à Paris.)

Théorie analytique élémentaire du Planimètre Amsler. (Tiré à part et déposé chez Gauthier-Villars, à Paris, 1875.)

Descriptions (dues à l'obligeance de M. Hallauer) *de plusieurs instruments employés par G.-A. Hirn dans ses travaux expérimentaux de physique.*

Thermodynamique appliquée; Réfutations d'une critique de M. G. Zeuner, par G.-A. Hirn et O. Hallauer. (Tiré à part et déposé chez Gauthier-Villars, à Paris, 1882.)

Thermodynamique appliquée; Réfutations d'une seconde critique de M. G. Zeuner, par G. A. Hirn et O. Hallauer. (Tiré à part et déposé chez Gauthier-Villars, à Paris, 1883.)

Annales de la Société Linnéenne de Maine-et-Loire.

Mémoire sur la vitesse du flux nerveux dans la sensation et dans l'acte de la volition, tome IX, 1867.

Bulletin de la Société d'histoire naturelle de Colmar.

Lectures sur la Thermodynamique. Esquisse élémentaire de la Théorie mécanique de la Chaleur et de ses conséquences philosophiques, 1863.

Exposé et analyse de la Théorie du Soleil, de M. Faye, 1864.

Introduction à l'étude climatérique et météorologique de l'Alsace. 1870.

Le Monde de Saturne; Nature probable des Anneaux; Exposé élémentaire, 1872. (Tiré à part et déposé chez Gauthier-Villars, à Paris.)

Note relative à l'expérience du Pendule de Foucault, 1872.

Etude sur une classe particulière de Tourbillons qui se manifestent, sous de certaines conditions spéciales, dans les liquides. Analogie entre le mécanisme de ces tourbillons et celui des trombes, 1878. (Tiré à part et déposé chez Gauthier-Villars, à Paris.)

Kosmos, Les Mondes, de M. l'abbé Moigno.

Théorie de la machine à gaz de Lenoir.

Explication d'un paradoxe d'Hydrodynamique, 1881. (Tiré à part et déposé chez Gauthier-Villars, à Paris.)

Grand nombre d'autres travaux divers.

Bulletin de la Société d'encouragement pour l'industrie nationale.

Transmissions télodynamiques inventées par C.-F. Hirn.

Autres travaux divers.

Bulletin de l'Association scientifique de France fondée par Le Verrier.

Nouveau Baromètre mégamétrique, propre à observer les très petites variations de la pression atmosphérique, 1874.

Travaux divers.

Annales des Mines.

Le Pandynamomètre différentiel, électrique; Appareil propre à déterminer le travail mécanique produit par un moteur ou consommé par une machine, 1867. (Tiré à part et déposé chez Dunod, éditeur à Paris.)

Annales de Chimie et de Physique, Paris.

Mémoire sur la Thermodynamique; Expériences sur la dilatation et sur la capacité calorifique de quelques liquides à des températures élevées. (Tiré à part et déposé chez Gauthier-Villars, à Paris, 1867.)

Mémoire sur la détente de la vapeur d'eau surchauffée (communiqué à l'Académie des sciences, le 31 décembre 1866), par G.-A. Hirn et A. Cazin. (Tirage à part chez Gauthier-Villars, à Paris.)

Mémoire sur les propriétés optiques de la flamme des corps en combustion et sur la Température du Soleil. (Tiré à part et déposé chez Gauthier-Villars, 1873.)

Comptes-rendus de l'Académie des sciences, Paris.

Note sur les variations de la capacité calorifique vulgaire de l'eau vers zéro, 1870.

Notice relative à la chaleur spécifique de l'eau vers son maximum de densité, 1870.

Sur les effets impulsifs maxima de la lumière considérée comme un Principe matériel, 1876.

Sur un nouveau Pandynamomètre.

Sur un théorème de Thermodynamique.

Sur la variabilité apparente de la loi de Dulong et Petit.

Sur un cas singulier d'échauffement d'une barre de fer.

Sur l'étude des moteurs thermiques et sur quelques points de la théorie de la chaleur en général, 1876.

Réponses à des critiques.

Démonstration d'un théorème relatif à la détente des vapeurs sans travail externe, 1877.

Réflexions critiques sur les expériences concernant la chaleur vitale chez l'homme, 1879. (Chez Gauthier-Villars, à Paris.)

Sur la mesure des quantités d'électricité, 1879. (Chez Gauthier-Villars, à Paris.)

Remarques sur les effets singuliers d'un coup de vent du Sud-Ouest, 1881.

Résumé des observations météorologiques faites pendant l'année 1881; (Application de la Thermodynamique à la Météorologie.)

Sur l'efficacité des Paratonnerres, 1882.

Sur la nouvelle théorie du Soleil, de M. C.-W. Siemens, 1882.

Réponses aux objections critiques de M. Siemens, 1882. Etc.

Annales de l'Observatoire de Paris.

Mémoire sur la Théorie analytique élémentaire du Gyroscope. T. IX. 1867.

Annales du génie civil. Lacroix, lib. Paris.

Mémoire sur la turbine Jonval. (Expérience et Théorie). 1862.

Sur l'usage de l'arithmomètre Thomas. 1863, etc.

Académie royale de Belgique.

Recherches expérimentales sur la relation qui existe entre la résistance de l'air et sa température. Conséquences physiques et philosophiques qui découlent de ces expériences. (Tirées à part et déposées chez E. Barth, libraire à Colmar, et chez Gauthier-Villars, à Paris. Le dernier Chapitre, tiré séparément sous le titre : *Réflexions critiques sur la Théorie cinétique de l'Univers... Réfutation scientifique de la doctrine matérialiste,* se trouve chez les mêmes libraires, 1882.)

Recherches expérimentales sur les lois de l'écoulement et du choc des gaz en fonction de leur température.

L'Astronomie. Revue mensuelle d'astronomie populaire, de météorologie et de physique du globe, publiée par Camille Flammarion.

La Conservation de l'énergie solaire, 1883. (Tirage à part chez Gauthier-Villars, à Paris.)

TITRES QU'A OBTENUS SUCCESSIVEMENT
M. G.-A. HIRN :

Chevalier de la Légion d'honneur, 1865.
Correspondant de l'Institut de France, 1867.
Associé de l'Académie de Suède et de l'Académie royale de Belgique.
Président de la Société d'Histoire naturelle de Colmar.
Membre honoraire des Sociétés : industrielle de Mulhouse, de philosophie expérimentale de Rotterdam, d'encouragement pour l'industrie nationale, de l'Association scientifique de France, fondée par Le Verrier, des Sciences naturelles de Zurich, Linéenne de Maine-et-Loire, scientifique de Cherbourg, d'Hippone, des Ingénieurs de New-York, d'Emulation de Montbéliard, etc., etc., etc.

ANT. MEYER, PHOTOG. COLMAR — DÉPOSÉ

WURTZ, Charles-Adolphe

WURTZ, Charles-Adolphe

Chimiste, né à Strasbourg, le 26 novembre 1817; il était destiné à succéder à son père, pasteur à l'église de Saint-Pierre-le-Jeune, et s'y prépara par des études au gymnase de cette ville, se fit recevoir en 1834 bachelier ès-lettres et suivit, pendant une année, les cours d'humanité du séminaire protestant.

M. Wurtz, ayant assisté par hasard à quelques leçons de chimie données par M. Persoz, sentit se déclarer sa véritable vocation, et, quittant définitivement le séminaire, il prit des inscriptions à la Faculté de médecine de sa ville natale. Il fit de si rapides progrès, qu'en 1836 il fut nommé aide de chimie près cette Faculté et, en 1838, chef des travaux chimiques.

Pour se perfectionner dans la connaissance de la chimie il alla, en 1842, passer quelques mois à Giessen, dans le célèbre laboratoire de Liebig. En 1843, peu après son retour, M. Wurtz prit son doctorat en médecine. Sa thèse inaugurale avait pour titre: *Recherche sur l'albumine soluble.*

En 1844, M. Dumas lui confia les fonctions de préparateur de chimie organique à la Faculté de médecine de Paris et le nomma en même temps répétiteur à l'Ecole centrale des arts et manufactures, dont il devint bientôt le chef des travaux chimiques.

Il fut nommé agrégé de chimie organique, en 1847 et, en 1850, Dumas lui confia la chaire de chimie du nouvel établissement de l'Institut agronomique de Versailles, qu'il quitta en 1853, après la retraite de M. Dumas et la mort d'Orfila, pour prendre les deux chaires réunies sous le nom de Cours de chimie médicale. Pendant ses fonctions, le laboratoire de la Faculté de médecine devint un foyer de découvertes, parmi lesquelles il faut citer celles des *glycols*, des *ammoniaques composées*, de l'*aldol*, etc.; les élèves ainsi que les travaux qui en sortirent contribuèrent à faire entrer cette science dans les voies nouvelles qu'elle parcourt avec tant d'éclat et de profit.

En 1866, M. Wurtz devint doyen de la Faculté de médecine et occupa cette haute situation pendant dix ans. Il se fit remarquer à la fois par sa fermeté et sa modération, lors des troubles excités parmi les étudiants par les dénonciations portées au Sénat contre leurs meilleurs professeurs (1867-1868); il réussit aussi à installer une douzaine de laboratoires, et obtint la reconstruction de l'Ecole pratique.

Il se démit de cette fonction, en 1875, pour se livrer tout entier à l'étude de la chimie organique, qui lui doit ses plus belles découvertes et ses théories les plus ingénieuses; ce n'est même pas exagérer que dire qu'il fut en France le véritable fondateur de cette science, avec son regretté compatriote Gehrhardt et M. Dumas. Aussi accepta-t-il avec plaisir, en 1875, les fonctions de professeur de chimie organique à la Faculté des sciences.

En 1858 M. Wurtz fut élu membre correspondant de l'Académie de Berlin et de Munich; en 1864 la Société royale de Londres se l'attacha en qualité d'associé étranger, rare distinction, et, en 1880 l'Académie des sciences de Vienne le choisit pour son membre correspondant.

Appelé au comité consultatif d'hygiène publique de France, en 1867, il en est aujourd'hui le président, ainsi que de la section de chimie de l'Académie des sciences.

M. Wurtz prit une part très active à la fondation de la Société chimique de Paris, qu'il présida plusieurs fois, ainsi qu'à celle de l'Association française pour l'avancement des sciences; il inaugura la troisième session de cette association à Lille, en août 1874, par un discours qui parut sous le titre suivant : *La théorie des atomes dans les conceptions générales du monde* (Paris, G. Masson, éditeur). La théorie des types de Gehrhardt conduisit M. Wurtz et M. Kekulé à la théorie atomique aujourd'hui triomphante.

En novembre 1878, M. Wurtz fut le second français et le quatrième « Lecteur de Faraday », distinction de la Société chimique de Londres, qui n'est accordée qu'aux savants étrangers qui se sont signalés par des découvertes hors ligne.

M. Wurtz présida, en 1881, l'Académie de médecine ; il fit aussi partie de la Société philomatique, etc.

Sur la désignation de l'Académie des sciences, il obtint, en 1865, le prix biennal de 20,000 francs, décerné par toutes les classes réunies de l'Institut.

En 1881, M. Wurtz fut élu sénateur inamovible, comme candidat du centre gauche, par 146 voix sur 199 votants; nommé grand-officier de la Légion d'honneur, dont il est membre du conseil de surveillance, il reçut de la Société royale de chimie de Londres la médaille de Capley. C'est la plus haute récompense qui puisse être accordée en Angleterre au mérite scientifique.

Dans le premier travail de M. Wurtz, relatif à l'acide hypophosphoreux, on remarque déjà cette alliance de l'expérimentation et de la théorie qui est devenue la marque caractéristique de toutes ses publications. Ce premier travail, complété par des recherches sur l'acide phosphoreux, a été publié dans les *Annales de chimie et de physique,* sous le titre de : *Recherches sur la constitution des acides du phosphore.*

Depuis 1842 M. Wurtz a fourni une collaboration des plus actives aux *Annales de chimie et de physique* ainsi qu'au *Répertoire de chimie pure.*

Il a publié à part :

Mémoires sur les ammoniaques composées (1850).
Sur l'insalubrité des résidus provenant des distilleries (1850).
Leçons de philosophie chimique (1864, in-8°).
Traité élémentaire de chimie médicale (1864-1865), 3 vol. in-8°, avec fig. ; 2ᵉ édit. 1868-1875, 2 vol. in-8°).
Leçons élémentaires de chimie moderne (1866; 3ᵉ édit., 1875, in-18).
La théorie atomique (1878, in-18, 3ᵉ édit.).
Traité de chimie biologique (1880, 1ʳᵉ partie, in-8°).
Dictionnaire de chimie pure et appliquée comprenant la chimie organique et inorganique, la chimie appliquée à l'industrie, à l'agriculture et aux arts, la chimie physique et la minéralogie (1868-1878, 3 vol. grand in-8°, avec fig ; avec vingt collaborateurs. L'Introduction en a été publiée séparément, sous ce titre : *Histoire des doctrines chimiques* (1868, gr. in-8°).
Agenda du chimiste à l'usage des Ingénieurs, etc. (1 vol in-16).
Des discours, des éloges, etc.

BARTHOLDI, Frédéric-Auguste

BARTHOLDI, Frédéric-Auguste

Statuaire né à Colmar, le 2 août 1834, fils du conseiller de préfecture Jean-Charles Bartholdi et de Charlotte Beysser. Après avoir fait de brillantes études au lycée Louis-le-Grand, il étudia la peinture sous la direction d'Ary Scheffer, ami de la famille; mais le jeune artiste, se sentant attiré vers l'art rude et austère du sculpteur, embrassa de préférence cette carrière et arriva ainsi à occuper un des premiers rangs parmi les statuaires de notre époque. M. Bartholdi s'occupa beaucoup de l'art décoratif et comme il estime que l'unité de conception et d'exécution est indispensable et que le sculpteur doit pouvoir être son propre architecte, il étudia cet art, dont il fit souvent l'application, et se consacra particulièrement aux monuments érigés en plein air, comprenant des effets d'ensemble d'architecture et de sculpture. Il donne à ses sujets le mouvement et la vie, sans négliger les détails techniques, et à la connaissance de l'anatomie il joint la hardiesse et le fini dans son travail.

LISTE DES PRINCIPALES ŒUVRES DE M. BARTHOLDI :

Le bon Samaritain, 1853.

Groupe des sept Souabes, sujet tiré d'une vieille légende, 1855. Sculpture polychrome.

Statue du général Rapp, érigée au Champ-de-Mars de Colmar, le 31 août 1856. Bronze.

La Lyre Berbère, souvenir du Nil, 1857. Groupe bronze à Lyon.

Fontaine monumentale des Quinconces, à Bordeaux, 1er prix au concours, 1858.

Le Génie dans les griffes de la Misère, bronze, en Russie, 1859.

Projets d'architecture du palais de Longchamps à Marseille.
Un autre ayant exécuté ses plans et signé le monument, M. Bartholdi n'en a pas eu l'honneur ; mais devant le conseil d'Etat il eut gain de cause, un arrêté ayant constaté que les plans exécutés étaient ceux de notre compatriote.

Monument de Martin Schongauer, 1861. Statue que M. Bartholdi a élevée à ses frais : elle a été installée dans l'ancien cloître des Unterlinden à Colmar et surmonte une fontaine taillée, comme la statue elle-même, dans cette belle pierre rose qui abonde dans les vallées du Rhin.

Tombeau de Robberechty, cimetière Montmartre, 1862.

Buste du prince Koucheleff, 1862.

Monument de l'amiral Bruat, fontaine monumentale. Lors de l'inauguration de cette statue, le 21 août 1864, l'amiral Jurien de la Gravière a solennellement proclamé la nomination de M. A. Bartholdi comme chevalier de la Légion d'honneur.

Portrait du général Schramm, buste marbre, 1864.

Le Martyr moderne, musée de Colmar, statue plâtre, 1864.

Statue d'Arrighi, duc de Padoue, en Corse, 1865.

La Douleur, tombeau de Georges Nefftzer, 1866.

Buste de Laboulaye, terre cuite, 1866.

Génie funèbre, statue plâtre, 1866.

Statue de Champollion, au collège de France, 1867. Monumentale statue de marbre dont les formes sont des plus correctes.

Buste de Lorentz, à l'Ecole forestière, 1867.

Les loisirs de la paix, groupe bronze, à New-York, 1868. Un jeune couple assis sur un banc antique, à ses pieds joue un enfant.

Le vigneron alsacien, bronze. 1869. Jeune vigneron assis sur un tronc d'arbre, les jambes croisées, la tête légèrement penchée en arrière, et tenant, un peu élevé au-dessus de sa bouche, un baril (Logele) dont on voit couler le liquide. Cette statue a été accordée à la ville de Colmar, le 30 juillet 1869, par le gouvernement français ; elle orne la fontaine du Marché-couvert et a été inaugurée le 15 août de la même année.

Vercingétorix, statue équestre, plâtre, au musée de Clermont, 1870.

Une ronde de nuit à Colmar, croquis, 1870.

Projet de monument de l'Union franco-américaine, 1871.

Statuette de l'Alsace, en argent (offerte à M. Bergmann, de Strasbourg), 1871.

Statue de Vauban, à Avallon, 1872.

Malédiction de l'Alsace, groupe vieil argent (offert à M. Gambetta par les Alsaciens).

Buste d'Erckmann-Chatrian, groupe plâtre, 1872.

Statue du général Lafayette, arrivant en Amérique ; statue plâtre, à New-York, 1873.

Monument des victimes de la défense de Colmar, au cimetière de cette ville.

Les Quatre Étapes de la vie chrétienne, décoration d'un clocher à Boston, 1874.

Fronton de la chapelle de Boissy-Saint-Léger.

Fontaine monumentale, à Washington, 1875.

Fronton du musée de Rouen.

Statue de la Liberté. Tête colossale, 1878.

Statue de Gribeauval, aux Invalides, 1879.

Buste Arbel.

Monument Verdier, en Pologne.

Lion symbolique de la défense de Belfort, 1870-71. « Le noble animal est représenté accroupi contre un rocher ; il vient d'être atteint par un trait de l'ennemi ; blessé, il se soulève et, arcbouté sur ses puissantes pattes de devant, la tête haute, la face froncée par la colère, la gueule entr'ouverte et frémissante, il s'apprête à tenir tête à son agresseur : on sent qu'il se cramponne au sol de sa tanière ; on pourra le cribler de blessures, le tuer, il ne cédera pas la place. »

C'est un des ouvrages de sculpture les plus gigantesques des temps modernes, il a 16 mètres de haut et 28 mètres de long, il est taillé dans d'énormes blocs de grès rouge des Vosges, que l'on a dressé contre le flanc perpendiculaire du haut rocher couronnant Belfort, il domine la ville entière.

La Liberté éclairant le Monde, statue colossale. Phare qui sera érigé sur un îlot de rocher précédant le port de New-York et dont l'exécution en cuivre demande des années. M. A. Bartholdi a eu l'idée d'inviter une vingtaine d'amis à un déjeuner donné dans la cuisse de la statue même. On se fera une idée approximative de cette immensité, quand on saura que la table de vingt-cinq couverts était fort à l'aise et que le service s'est fait sans difficulté. Elle sera la statue la plus élevée qui ait jamais été construite ; elle aura 33 mètres de haut.

Rouget-de-l'Isle, statue exécutée pour la ville de Lons-le-Saunier. Rouget-de-l'Isle chante la *Marseillaise*, le bras levé, dans un mouvement superbe et entraînant. Le Président de la République, M. J. Grévy, s'est rendu à l'atelier du statuaire colmarien, pour y admirer cette statue, qui a valu à notre compatriote la nomination d'officier de la Légion d'honneur.

M. A. Bartholdi a fait don, à sa ville natale, d'un grand nombre de projets de monuments, de bas-reliefs, de médaillons et du buste de M. Ignace Chauffour, qui a été remarqué au salon de 1882.

Dès le début de la guerre 1870-1871, M. Bartholdi se fit autoriser par le général de la garde nationale de Paris, à laquelle il appartenait, de se rendre en Alsace pour contribuer à l'organisation de la défense de Colmar. Il y remplit les fonctions de capitaine-adjudant-major, et, par suite de l'indisposition du commandant, il fut l'organisateur de la résistance du 14 septembre. Il y mit une grande activité et lorsque l'ennemi se présenta au pont de Horbourg, il y trouva une ferme résistance ; mais les forces étant trop inégales il fallut, après une vive fusillade, renoncer à la lutte. M. Bartholdi se rendit ensuite à Tours pour se mettre aux ordres du gouvernement ; il y arriva juste au moment où Garibaldi venait s'offrir à la France. Crémieux envoya M. Bartholdi à la rencontre du général pour le recevoir au nom du gouvernement. C'est par suite de cette circonstance qu'il se trouva attaché à la personne de Garibaldi en qualité d'officier d'état-major, chargé spécialement des rapports de l'armée des Vosges avec le gouvernement.

Au milieu de cette armée garibaldienne, M. Bartholdi conserva sa gaieté d'artiste et improvisa sur les aventures de la vie de campagne de jolis croquis qui firent la joie du bivouac.

La guerre finie, M. Bartholdi, trouvant l'Alsace occupée, Paris fermé, partit pour les Etats-Unis, où il conçut la première pensée d'élever une statue de la *Liberté* sur la rade de New-York, en face de l'Océan et regardant la France.

Cet austère statuaire, qui est caricaturiste à ses heures, a commis, en 1876, un petit volume humoristique, déjà très rare, intitulé l'*Album du bord*, qui est une très amusante collection de charges des membres du jury français à l'exposition de Philadelphie, prises sur le paquebot qui les emmenait en Amérique. La même année, le 21 décembre, il épousa à Newport, Rhode Island, Mlle Jeanne-Emilie Bheux de Puysieux, de Montréal, nièce de M. John de la Varge, artiste américain distingué.

SOURCES : *Magasin pittoresque*, 1858, p. 223 ; 1866, p. 9 ; 1876, p. 223 ; 1877, p. 337. — *Catalogue du Musée de Colmar*, 2ᵉ édition, p. 19-22. — *L'œuvre de Bartholdi*, par Ch. Lefèbvre, broch. 8 p. Photographie de M. Meyer.

ANT. MEYER, PHOTOG. COLMAR   DÉPOSÉ

LAMBERT, Jean-Henri

LAMBERT, Jean-Henri

SAVANT universel et l'un des génies les plus étonnants et les plus singuliers du dix-huitième siècle, né à Mulhouse le 26 août 1728, dans la maison faisant l'angle de la place Lambert et de la place de la Réunion et qui porte l'inscription suivante : « *Hier wurde Lambert geboren* ».

Fils d'un pauvre tailleur français, dont le père avait été expulsé de sa patrie par la révocation de l'édit de Nantes, Jean-Henri Lambert était occupé, dans sa première jeunesse, à aider de grand matin sa mère dans les soins du ménage, et à travailler avec son père durant le reste du jour. Poussé vers l'étude par un instinct confus et irrésistible, mais trop indigent pour suivre une école, il apprit par lui-même les rudiments des lettres et fut son propre maître. Dès qu'il avait quelque argent, il achetait une chandelle, et passait en secret des nuits entières à dévorer les livres qu'il trouvait à emprunter. Il fit des progrès si rapides, particulièrement en mathématiques, qu'il ne put cacher son génie plus longtemps. Trois personnes généreuses s'en aperçurent les premières et l'assistèrent de différentes façons. Le pasteur de Mulhouse voulut être son précepteur, le chancelier Reber son trésorier et le savant jurisconsulte bâlois Iselin, son conseiller et son patron littéraire. Tous trois s'entendirent pour le faire agréer par le comte de Salis, en qualité de gouverneur de ses petits-enfants.

Lambert, âgé de 20 ans, se rendit au pays des

Grisons et passa une dizaine d'années (1748-1758) au sein de la famille de Salis, tout entier à ses devoirs et à l'étude, et formant des élèves distingués. Un voyage qu'il fit avec MM. de Salis, en 1756 en Italie, en France, en Hollande et en Allemagne, le fit connaître fort avantageusement dans le monde lettré. Favorablement accueilli en Bavière, Lambert se fixa à Munich et y publia un ouvrage de philosophie qui, par le titre, devait rappeler et, par le contenu, compléter et réformer les travaux d'Aristote et de Bacon, c'est-à-dire un *Nouvel Organon*.

Ce coup d'essai, dès l'abord, fut jugé un chef-d'œuvre et valut à Lambert une brillante réputation. L'électeur de Bavière, qui songeait alors à relever l'académie de Munich, confia à Lambert la rédaction de ses statuts et la direction des travaux académiques. Lambert s'acquitta de cette double tâche avec tant d'éclat, qu'il ne tarda pas à susciter contre ses heureux efforts la jalousie haineuse des gens de collège encore attachés au péripatétisme du moyen-âge, et il préféra quitter la Bavière en 1764. Trois ans auparavant, il avait publié à Augsbourg ses *Lettres cosmologiques :* ouvrage qui ajouta aux connaissances générales sur la constitution de l'univers autant qu'à la célébrité de l'auteur.

Lambert comptait à Berlin des amis passionnés, entre autres Sulzer, alors l'âme de l'académie de Prusse ; aussi résolut-il d'aller s'y fixer. Dès son arrivée dans cette capitale, les plus célèbres académiciens, de peur qu'il n'allât tenter la fortune à Saint-Pétersbourg auprès d'Euler, supplièrent Frédéric II de lui donner une place au milieu d'eux, à côté de Lagrange et de Pott. Après beaucoup d'hésitation de la part du Roi, qui n'avait pu se faire aux manières trop simples et au ton de Lambert, ce second Pascal, comme disait avec ironie le royal protecteur de l'académie, fut enfin admis dans la classe de physique. Pendant les douze années qui s'écoulèrent depuis sa réception jusqu'à sa mort (1765-1777), il eut maintes occasions de justifier ces paroles adressées à Frédéric, pendant que celui-ci hésitait à l'agréer : « Il y va de la gloire du roi; s'il ne me nommait pas à l'académie, ce serait une tache dans son histoire. » Frédéric, en effet, ne tarda pas à sentir et à récompenser le rare mérite de Lambert; mais il eut à son tour de grandes difficultés à vaincre, lorsqu'il voulut lui faire accepter d'autres dignités et d'autres pensions : tant cet homme extraordinaire était naïf, candide, ingénu, tant il apportait de conscience à l'accomplissement de ses moindres devoirs.

Lambert avait tous les dons, excepté celui d'une diction élégante. Il savait parler et écrire plusieurs langues; mais il ne savait pas quitter le ton de la dissertation. Ce qu'il rédigeait avait besoin d'être écrit. Ses confrères se chargeaient de ce soin avec autant de plaisir que de succès. Merian de Bâle traduisit et embellit les *Lettres cosmologiques*; Trembley abrégea et éclaircit l'*Architectonique*. Mais ce qui atteste le mieux l'autorité dont il jouissait en Europe, c'est le respect que Kant lui témoigna : « Je vous promets, lui écrivait-il, de ne pas laisser subsister une seule phrase qui ne vous semblerait pas entièrement évidente et vraie. »

Sa mort, qui arriva le 25 septembre 1777, fut un deuil pour l'académie entière : « Il faut des « siècles à la nature pour former un génie tel que « le sien », disait son successeur, le mathématicien Schultz.

Lambert fut aussi membre de la Société helvétique de Bâle, de la société royale des sciences de Gottingue.

Outre les ouvrages déjà mentionnés, on trouve encore de J.-H. Lambert beaucoup de savants mémoires dans les journaux ou recueils scientifiques de son époque.

Il a prouvé l'incommensurabilité du rapport de la circonférence au diamètre, a perfectionné les méthodes géodésiques, la théorie des comètes et a trouvé en astronomie un théorème fort simple qui porte son nom.

Parmi ses principales publications on remarque :

La Route de la lumière, 1759.

La perspective libre, 1759, in-8°. 2° édit. 1773.

Photometria, de gradibus luminis, 1760.

Echelles logarithmiques, 1761.

Hygrométrie, 1770.

Pyrométrie, 1779.

Novum organum ou Nouvelle logique, 1763.

Architectonique, 1771. (Où il explique les idées promières de chaque science.)

Les Propriétés les plus remarquables de la route de la lumière par les airs et en général par plusieurs milieux refringents sphériques et concentriques, etc. La Haye, 1789, in-8°, avec 2 planches.

Le 27 août 1828, lors du centenaire de sa naissance, Mulhouse lui a élevé un monument connu sous le nom de « *Colonne Lambert* » et portant cette inscription : « *Johannes-Henricus Lambert. Nat. Mulhusii XXVI Aug. M.D.CCXVIII. Den. Berolini XXV Sept. M.D.CCLXXVII.* »

SOURCES : *Gedächtniszfeier von Johann-Heinrich Lambert, begangen in Mühlhausen, den 27. August 1828. Beschrieben durch Franz-Christian Joseph, evangelischen Pfarrer zu Mühlhausen und Sekretär des Lambert'schen Vereins.* Mühlhausen, gedruckt bei Johannes Rissler und Cie. — *1 portrait de Flaxland* et un dessin de la colonne Lambert. Broch. in-8^1 de 72 pp — *Dictionnaire des sciences philosophiques* (article de Bartholmess). — Photographie d'après une lithographie d'Engelmann.

KELLER, Emile

KELLER, ÉMILE

Homme politique, né à Belfort, le 8 octobre 1828. Après avoir fait de brillantes études et avoir passé ses examens pour l'Ecole polytechnique, en 1846, retourna dans sa famille et s'occupa d'études historiques et de philosophie religieuse. D'une parenté très influente dans l'Alsace, il fut présenté aux élections de 1857, comme candidat du gouvernement, dans la troisième circonscription du Haut-Rhin, et fut élu député au Corps législatif, en remplacement de M. Migeon. Il se sépara bientôt de la politique impériale au sujet des affaires d'Italie, et soutint à la tribune le pouvoir temporel du pape avec une ardeur et un talent de parole qui firent de lui un des principaux orateurs du parti catholique. Lors des élections de 1863, sa candidature présentée cette fois dans la quatrième circonscription du même département, en souvenir de cette opposition, fut vivement combattue par l'administration, et elle échoua. Plus heureux aux élections générales de 1869, il fut aussi rigoureusement soutenu par le parti de « l'Union libérale », que vivement combattu par le gouvernement, et il fut élu par 15,066 voix sur 24,829 votants. La même année dans une lettre qu'il adresse à ses électeurs à propos de la demande du rétablissement de la responsabilité ministérielle, il leur dit : « Si le souverain « avait fait au pays des concessions sérieuses, il « nous obligerait par là à user à son égard d'une « extrême modération. Au contraire, du moment

« qu'en conservant les mêmes hommes, il affirme
« qu'il continuera à marcher dans la même voie, il
« nous met en demeure de blâmer ouvertement,
« de combattre nettement sa conduite,... enfin la
« présence auprès du souverain de ministres en
« qui le pays puisse avoir confiance. » En 1870,
dans une circulaire, M. Keller conseille à ses électeurs de s'abstenir de tout vote sur le plébiscite :
« Vous connaissez la voie suivie par le gouverne-
« ment depuis 1859... Sous l'influence d'une poli-
« tique sans principes, les mœurs et les caractères
« se sont visiblement abaissés... Voyez, étudiez,
« pesez les noms de ceux qui vous poussent à dire
« *oui*. Vous inspirent-ils confiance ? Sauf d'hono-
« rables exceptions, ne sont-ce pas précisément
« les hommes qui ont eu sur nos destinées une
« influence néfaste et qu'une réforme efficace de-
« vrait à jamais faire rentrer dans l'ombre... »

Dans la séance du 3 août 1870, M. Keller demanda en vain l'armement des gardes nationaux et francs-tireurs de l'Alsace. Après le 4 septembre, il se rendit en Alsace et organisa un corps de volontaires.

Elu, le 8 février 1871, représentant du Haut-Rhin à l'Assemblée nationale, le premier sur onze, il protesta, dans un discours très applaudi, contre l'annexion de l'Alsace et de la Lorraine à l'Allemagne, vota contre les préliminaires de paix, et se retira de l'Assemblée avec ses collègues alsaciens.

Aux élections complémentaires du 2 juillet 1871, il se présenta dans l'arrondissement de Belfort contre le défenseur de cette place, le colonel Denfert-Rochereau, et lui fut préféré par 6753 électeurs. M. Keller porta la parole avec autorité dans presque toutes les questions importantes, notamment lors de la présentation de la loi sur la réorganisation de l'armée. Il soutint le principe obligatoire sans substitution et l'incorporation pour trois ans. Il fut rapporteur de la commission chargée de déterminer la composition du conseil de guerre qui devait juger Bazaine (mai 1872) et du projet de loi relatif à la construction de l'église du Sacré-Cœur de Montmartre (juillet 1873). Membre de la commission des lois constitutionnelles, il repoussa l'amendement Wallon. Il signa l'adresse d'adhésion du syllabus. Il refusa la candidature lors de l'élection de sénateurs inamovibles par l'Assemblée et se présenta dans l'arrondissement de Belfort aux élections législatives du 20 février 1876. Elu par 7673 voix contre 4650, obtenues par M. Feltin, candidat républicain, il reprit sa place à l'extrême droite et combattit le projet de loi sur la collation des grades. Après l'acte du 16 mai 1877, il fut un des 158 députés qui soutinrent de leur vote le cabinet de Broglie. Il se représenta aux élections du 14 octobre 1877 et fut réélu par 7411 voix. Mais lors des dernières élections (21 août 1881), M. Keller a été battu par M. Fréry, républicain. Ses compatriotes d'Alsace ont été particulièrement émus de cette défaite, et la colonie alsacienne de Paris lui a fait tenir une adresse des plus touchantes et des plus flatteuses.

M. Keller a été décoré de la Légion d'honneur.

Il a fait paraître :

Histoire de France, 1858, 2 vol.

L'Encyclique et les libertés de l'Eglise gallicane, 1860, in-8°.

L'Encyclique du 8 décembre 1864 et les principes de 1789, 1865, in-8°.

Le général de Lamoricière, sa vie militaire, politique et religieuse, 1873, 2 vol., in-8°.

Photographie de la maison Franck, de Paris.

KLÉBER, Jean-Baptiste

KLÉBER, Jean-Baptiste

Général français, né à Strasbourg en 1754, était fils d'un terrassier. Il vint jeune à Paris apprendre l'architecture et y fit la rencontre de deux gentilshommes allemands qui l'engagèrent à les suivre à Munich, où ils lui ouvrirent l'accès de l'école militaire de cette ville. Il attira l'attention du général Kaunitz qui l'emmena à Vienne et lui donna une sous-lieutenance dans son régiment. Kléber resta dans les troupes autrichiennes depuis 1776 jusqu'en 1783, mais désespérant d'avancer, il donna sa démission, revint en Alsace et obtint à Belfort la place d'inspecteur des bâtiments. Engagé en 1792 dans un bataillon de volontaires, élevé au grade d'adjudant-major, il commença sa réputation militaire au siége de Mayence. Il était adjudant-général lorsqu'il fut envoyé en Vendée avec le titre de général de brigade. Héroïque à Torfou, il défit les Vendéens à Cholet, les rejeta jusqu'à la Loire, et finit, de concert avec le général Marceau, par anéantir l'armée vendéenne au Mans et à Savenay. Envoyé plus tard comme général de division à l'armée du Nord, il exécute, à la tête de trois divisions, le passage de la Sambre en présence des armées alliées, triomphe à Fleurus avec le général Jourdan, marche sur Mons, force des passages formidables que défend en vain l'ennemi qu'il repousse au-delà du Rhin, et après vingt jours de tranchée ouverte et quarante-huit heures de bombardement, prend Maestricht. Ramené sous les murs de Mayence, il force le passage du Rhin, fond avec impétuosité sur l'ennemi, le culbute, le poursuit au-delà de la Sieg et met en pleine déroute l'armée du prince de Wurtemberg sur les hauteurs d'Altenkirchen. Il bat ensuite le général Kray à Kaldieck et le prince de Wartensleben à Friedberg. Tombé dans la disgrâce du Directoire, il quitte l'armée et se retire à Strasbourg. Bonaparte, chargé de l'expédition d'Egypte et voulant s'entourer de l'élite des généraux, appela Kléber à partager la gloire et les dangers de cette entreprise. Blessé à Alexandrie, il se fit admirer à Jaffa, à Gaza, à Corsoum, au mont Thabor, à Aboukir. Bonaparte quittant l'Egypte, laissa le commandement en chef de l'armée à Kléber, qui consentit à la convention d'El-Arisch, pour ramener ses soldats en France. Le gouvernement anglais refusa de ratifier le traité et exigea que tous les Français se rendissent prisonniers de guerre. « Français, dit Kléber, à de telles insolences on ne répond que par des victoires; préparez-vous à combattre. » La bataille d'Héliopolis fut gagnée par 10,000 Français contre 80,000 Turcs et en moins d'un mois, la Haute-Egypte reconquise. Kléber travaillait à consolider son ouvrage lorsqu'un jeune musulman fanatique l'assassina au Caire (14 juin 1800).

Ainsi périt ce grand capitaine. Kléber joignait à l'intrépidité du soldat le génie et la science du grand général; l'énergie de son caractère, son sang-froid au milieu du danger, ses talents extraordinaires, sa force et sa beauté, l'expressive fierté de son regard, tout en lui semblait le destiner à commander aux autres. Il était adoré de ses soldats, qui le nommaient le dieu Mars, et tous les officiers de l'armée avaient pour lui autant d'attachement que d'admiration.

Sa ville natale lui a érigé une statue colossale en bronze, le 14 juin 1840.

SOURCES : Baron Ernouf. *Le général Kléber.* — Lubert d'Héricourt. *Vie du général Kléber.* — Riche, D^r. *Notice historique sur la vie du général Kléber.* — Comte Pajol. *Kléber, sa vie, sa correspondance.* — *Magasin pittoresque,* 1840, p. 193; 1834, p. 171; 1846, p. 36; 1840, p. 46; 1833, p. 151. — Photographie d'après une gravure de J. Guérin.

ANT. MEYER, PHOTOG. COLMAR   DÉPOSÉ

GRAD, Charles

GRAD, Marie-Antoine-Charles

PUBLICISTE et député de Colmar au Reichstag, est né à Turckheim, le 8 décembre 1842. Placé dans les établissements Herzog au Logelbach après avoir fait ses premières études au Collège libre de Colmar, il s'occupa beaucoup des sciences naturelles, tout en suivant le commerce et l'industrie. Ses travaux scientifiques dans le domaine de la physique et de la géologie ont été provoqués par l'étude d'un système de réservoirs d'eau à établir dans nos vallées, dont il a été chargé à la suite des grandes inondations du Rhin et de la Loire. Les événements qui suivirent l'annexion de l'Alsace à l'Allemagne l'amenèrent à s'occuper des affaires publiques en changeant la direction de son activité. Comme publiciste il a pris une part active à toutes les questions qui intéressent le pays, se constituant leur infatigable promoteur, avec un complet désintéressement, faisant le sacrifice de sa carrière et payant de sa personne à tous les moments, alors que tant d'hommes, placés à la tête des affaires de l'Alsace par leur fortune et leur notoriété, se sont retirés pour conserver une existence plus commode de l'autre côté de la frontière. C'est dans ces conditions que le jeune écrivain du Logelbach a été élu successivement au Conseil général de la Haute-Alsace, au Parlement de l'Empire allemand et à la Délégation de l'Alsace-Lorraine.

Aucun publiciste alsacien n'a manifesté une plus grande fécondité littéraire. Ce qui caractérise particulièrement les publications de M. Grad, c'est que la plupart visent un but pratique, qu'elles touchent la politique, l'économie politique ou les sciences naturelles. Ses premiers écrits datent des bancs du collège en 1859 ou en 1860. Ils comprennent une série de récits touchant les légendes et les traditions populaires de l'Alsace, publiés dans différents recueils littéraires de Paris et dans la *Revue d'Alsace*. L'idée première des travaux sur l'aménagement des eaux de l'Alsace appartient à M. Antoine Herzog, le chef des établissements du Logelbach, qui demanda à M. Grad dans le courant de l'année 1866 d'étudier un projet de réservoirs à établir dans les vallées dont les eaux s'écoulent dans l'Ill. De récents désastres survenus sur différents points du territoire français avaient appelé l'attention sur les mesures à prendre pour prévenir ou pour atténuer tout au moins le mal des inondations. Par la création d'un système de réservoirs dans les vallées des Vosges, on espérait d'une part améliorer le régime des affluents de l'Ill, en assurant, lors des pluies et de la fonte des neiges, des retenues d'eau susceptibles de profiter d'un autre côté à l'industrie et à l'agriculture pour l'irrigation des prairies et, comme force motrice, pour les usines en temps de sécheresse. M. Grad aperçut vite, dans l'exécution de ce projet, un moyen de transformer toute l'agriculture de la plaine d'Alsace, depuis les montagnes jusqu'à Strasbourg. Avec un meilleur aménagement des eaux, non-seulement l'Ill et ses affluents présenteraient un écoulement plus régulier, mais l'amélioration des irrigations devait avoir pour conséquence une production de fourrages plus considérable, le développement de l'élève du bétail, un meilleur rendement des céréales et des plantes industrielles, sous l'effet d'engrais plus abondants et d'une culture plus intensive. Une pareille entreprise pourtant ne s'improvise pas. Depuis plus de vingt années M. Grad est à l'œuvre pour en poursuivre l'exécution. Après l'étude des procédés techniques et des prix de revient, il s'efforce d'y intéresser la population et le gouvernement par la presse et dans les assemblées délibératives, se servant de tous les organes pour recommander son idée, depuis l'almanach du *Messager boiteux de Colmar* jusqu'à l'Académie des sciences et le Parlement de l'Empire. Aujourd'hui l'idée est en voie de se réaliser : la correction du cours de l'Ill a commencé depuis 1876, sous les auspices du Conseil général de la Haute-Alsace, et le Landesausschuss a voté en 1883 les premiers crédits pour la construction des réservoirs de la vallée de Masevaux et du bassin de la Fecht.

Parmi les travaux accessoires, provoqués par la question de l'aménagement des eaux de l'Alsace, citons entre autres un mémoire sur l'hydrologie du bassin de l'Ill, publié en 1867 et en 1870, l'Essai sur le climat de l'Alsace. M. Grad ne se contenta pas d'étudier avec attention la topographie, l'hydrographie, les rapports entre les précipitations atmosphériques et l'écoulement des eaux de notre contrée. Ses études et ses recherches l'amenèrent à visiter les ouvrages hydrauliques exécutés dans la plupart des pays d'Europe. De là de fréquents voyages et des séjours prolongés au dehors, en Angleterre, en Pologne, en Italie, en Espagne, en Orient, dans le nord de l'Afrique jusqu'à l'intérieur du Sahara et au Soudan égyptien sur le Nil. A côté de ses mémoires sur les formations glaciaires et sur l'orographie de la chaîne des Vosges, viennent s'ajouter ses recherches sur les terrains quarternaires du Sahara algérien, sur la mer Morte et les anciens glaciers du Sinaï, sur la déclinaison magnétique en Algérie, sur la température de la Méditerranée, sur le fœhn et les oscillations séculaires des glaciers alpins, sa théorie du mouvement des glaciers sous l'action du regel de l'eau à l'intérieur des fissures capillaires; ses observations sur les mines de sel de Wieliczka, sur les volcans éteints de l'Eifel, sur les charbons feuilletés de la Suisse, sur les forêts pétrifiées de l'Egypte.

La politique détourna pourtant M. Grad des sciences naturelles pour le porter vers les sciences économiques. Au lendemain de la guerre, au moment où le gouvernement allait commencer dans notre pays l'ère des grands emprunts, le jeune député de Colmar écrivit son livre *Considérations sur les finances et l'administration d'Alsace-Lorraine sous le régime allemand*, pour montrer par des chiffres précis et sans réplique un moyen facile de prévenir les emprunts par l'économie et la réduction des dépenses superflues. C'est aussi la note qu'il laisse entendre à la France, à propos de ses études plus récentes sur les finances de l'Empire allemand, publiées dans la *Revue des Deux-Mondes*. On sait combien l'industrie et le commerce de l'Alsace ont souffert des suites de l'annexion. Lorsque le prince de Bismarck proposa la révision du tarif douanier allemand, afin de porter remède aux plaintes soulevées par sa politique commerciale, M. Grad prit une part active à l'enquête industrielle, ordonnée par le chancelier de l'Empire. A l'appui de ses propositions, il déposa sur les bureaux de la commission parlementaire pour la réforme douanière ses deux volumes d'*Etudes statistiques sur l'industrie de l'Alsace*, plaidoyer le plus éloquent en faveur des différentes branches de travail. Les efforts de notre savant économiste n'ont pas peu contribué à obtenir, pour les diverses branches du travail industriel et agricole, une protection plus efficace contre la concurrence étrangère. Son livre sur *les Assurances ouvrières en Allemagne* a eu de même pour but essentiel de sauvegarder nos institutions d'initiative privée dans les plans de réforme sociale, mis en avant par le prince de Bismarck en faveur des ouvriers. Ces travaux multiples l'ont fait élire, en 1883, dans la section d'économie politique et finances de l'académie des sciences morales et politiques, à l'Institut de France, dont il fut alors le plus jeune membre.

Au Reichstag, M. Grad ne s'est pas contenté d'apporter un concours actif à l'élaboration des lois pour l'amélioration des classes ouvrières et pour la protection plus efficace du travail national. Son nom se trouve attaché à toutes les propositions relatives à l'organisation politique de l'Alsace-Lorraine, aux motions présentées pour l'abrogation de la dictature, pour le rétablissement des maires de Strasbourg, de Metz et de Colmar, pour la tolérance de la langue française au Landesausschuss, pour le règlement de la question des optants.

On lui doit dans le domaine de la politique fiscale, entr'autres, la diminution de l'impôt sur le vin et la bonification plus complète des dépenses de l'Alsace-Lorraine pour le service des douanes de l'Empire. Il a fait adopter aussi, au Reichstag et au Landesausschuss, deux motions pour l'institution d'un service météorologique et pour l'organisation de la télégraphie du temps. Aucune question susceptible de toucher les intérêts ou les droits de ses concitoyens n'est venue à l'ordre du jour, sans qu'il n'ait pris à cœur de la soutenir par sa parole ou par ses écrits. Elu député de la protestation, il a signé la déclaration des représentants de l'Alsace-Lorraine contre l'annexion. Mieux encore, il s'est voué avec une complète abnégation au service du pays dans la mesure des besoins de chaque jour.

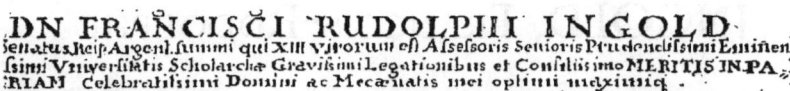

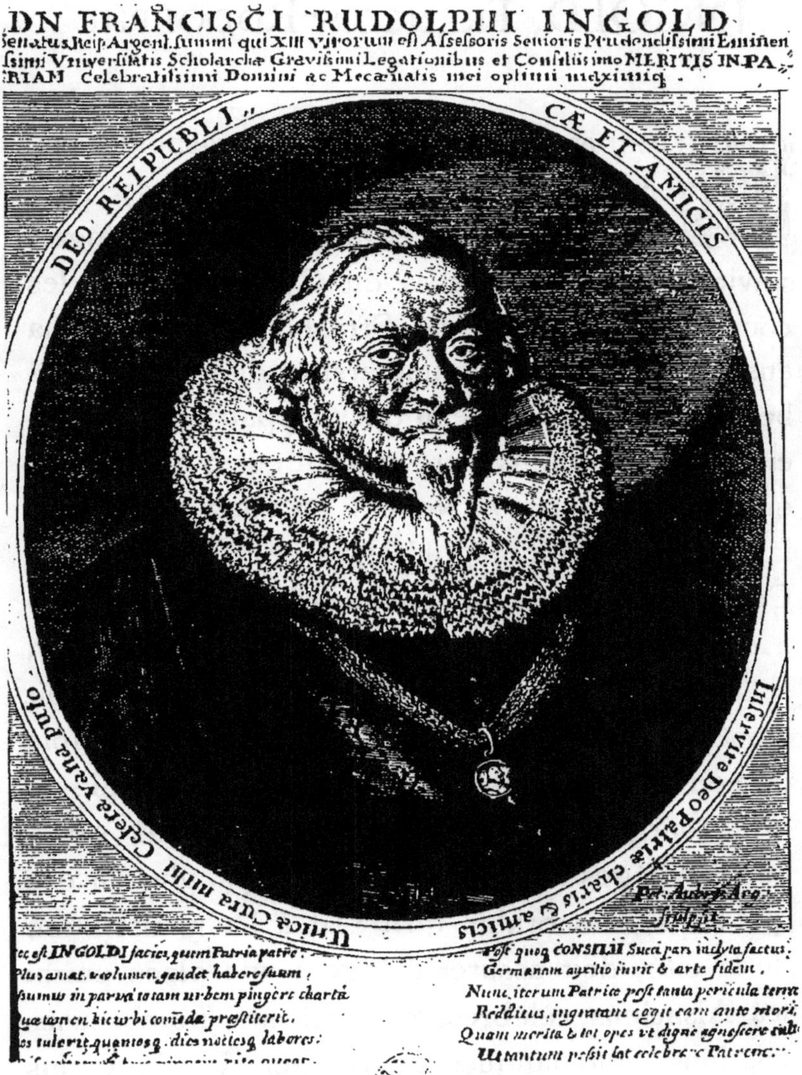

ANT. MEYER, PHOTOG. COLMAR DÉPOSÉ

INGOLD, François-Rodolphe

INGOLD, François-Rodolphe

ADMINISTRATEUR et diplomate strasbourgeois, né à Strasbourg, le 24 août 1572, de Philippe Ingold et de Félicité Mœssinger, suivit d'abord les classes du Gymnase, puis les cours de l'Académie de Strasbourg et continua ensuite ses études aux universités de Iéna, Heidelberg et Leipzig. Revenu dans sa patrie, il épousa en 1597 Salomé Widen, dont il eut 9 enfants, et qui mourut en 1637. Nommé en 1603 échevin de la tribu du Miroir, Ingold entra en 1605 au Petit-Conseil, en 1608 au Conseil des Quinze et en 1610 à celui des Treize. Il serait devenu Stœttmeister, si sa qualité de vassal de la ville ne l'en avait empêché. Nommé scolarque en 1620, il eut la joie de voir pendant son administration l'Académie de Strasbourg se transformer en Université, grâce aux priviléges de Ferdinand II. Ce qui, plus encore que la part honorable qu'il prit à l'administration de la cité, doit assurer à Ingold une place parmi les Alsaciens célèbres, ce sont ses nombreuses missions diplomatiques à l'étranger. Pendant plus de vingt ans il fut l'ambassadeur préféré de Strasbourg dans toutes les négociations avec l'Allemagne et la Suisse. On le voit aux diètes de

Heilbronn, Nuremberg, Francfort, Ulm, à Zurich et à Berne, tantôt comme représentant de Strasbourg, tantôt comme celui de toutes les villes impériales ou de l'Union protestante. Il fut avec... Wetzel de Marsilly membre du *Concilium formatum* de l'Union de Heilbronn. Son principal mérite est d'avoir négocié et signé le traité d'Aschaffenbourg, avec les réprésentants de l'Empereur, le 24 mars 1621, traité par lequel Strasbourg, se séparant de l'Union évangélique pour laquelle elle avait fait longtemps d'inutiles sacrifices, obtenait une paix très favorable de Ferdinand II. Ingold mourut à Strasbourg le 3 janvier 1642.

SOURCES. *Laudatio posthuma quæ illustris viri Francisci Rudolphi Ingoldi memoriam publica pietate honoravit Academia.* Argentor. 1642, in-4°. *Avec portrait de P. Aubry.* — J.H. Bœcler. *Orationes et programmata.* Argent. 1705, p. 91. — R. Reuss. *Strassburg und die evangelische Union* (1618-1621) dans l'*Alsatia* de 1868. — Rod. Reuss. *Vieux noms et rues nouvelles de Strasbourg.* Causerie biographique d'un flâneur avec une préface. Strasbourg, imp. G. Fischbach, 1883. — Stoffel. *Dictionnaire biographique d'Alsace* (liste préparatoire), p. 105. — Photographie d'après le portrait de P. Aubry.

R. R.

ANT. MEYER, PHOTOG. COLMAR   DÉPOSÉ

PFEFFEL, Théophile-Conrad

PFEFFEL, Théophile-Conrad

Naquit à Colmar, le 28 juin 1736. Son père était un légiste distingué. Il avait longtemps habité Paris, où il avait été employé au ministère des affaires étrangères, et où l'on avait créé pour lui la place de *Jurisconsulte du Roi*. A l'époque de la naissance de son plus jeune fils, il était *Stœttmeister* de la ville de Colmar. Il mourut dans la force de l'âge, alors que Théophile-Conrad n'avait encore que deux ans. Son frère aîné, Christian-Frédéric, qui avait dix ans de plus que lui, dirigea son éducation. Il le destinait à la carrière diplomatique, et Pfeffel étudia à l'Université de Halle la philosophie, le droit, l'histoire, les sciences naturelles. Mais de fréquentes ophthalmies forcèrent son frère à changer, à son égard, de plan d'avenir, et les études de Théophile-Conrad se tournèrent vers la littérature. A l'âge de 23 ans, il perdit complètement la vue; mais ce malheur, loin de l'accabler, sembla raviver son ardeur au travail. En 1761, Pfeffel avait publié des *Essais poétiques* (Poetische-Versuche) qui furent accueillis avec faveur; de 1763 à 1774, il publia cinq volumes de *Récréations dramatiques*. En 1766, un nouveau volume de *Fables et de Poésies*. En 1769 parurent à Strasbourg les *Récréations dramatiques pour les enfants*, qu'ils avait composées primitivement pour sa famille et ses amis. Ces petites pièces furent traduites en français par Berquin, et très appréciées. Vers la même époque, Pfeffel publia un travail intitulé *Magasin historique pour l'esprit et le cœur*, choix intéressant, en français et en allemand, de trois cents beaux traits et anecdotes, tirés des meilleurs auteurs anciens et modernes. Ce livre, destiné aux jeunes gens, fut admis à l'Ecole militaire de Paris, eut de nombreuses éditions et fut souvent réimprimé depuis. De 1789 à 1791, Pfeffel fit paraître trois nouveaux volumes d'*Essais poétiques*, *Fables*, *Ballades*, etc., et plus tard, divers essais en prose, sous la forme de *Charmantes Nouvelles*, qui eurent le plus grand succès.

En 1773, Pfeffel fonda un établissement qui manquait à l'Alsace, c'était une institution où put être élevée la jeunesse protestante qui se destinait à la carrière des armes, et qui, pour cause de religion, n'était point admise à l'école militaire de Brienne. Cette institution acquit bientôt une grande réputation sous le nom d'*Académie militaire*. Les jeunes gens y arrivèrent nombreux, non-seulement de l'Alsace, mais encore de l'Allemagne, de la Suisse, de l'Angleterre, de la Russie, du Danemark, etc. Pfeffel, et son ami M. Lersé, étaient les chefs de l'institution, ils avaient sous leur direction quatre gouverneurs et une quinzaine de professeurs. Les cours généraux et les leçons particulières embrassaient à peu près toutes les branches des connaissances humaines. Personne, mieux que Pfeffel, ne savait s'attacher les jeunes gens, toucher leur cœur, instruire et captiver leur esprit. Des hommes d'Etat, des savants, des artistes, des généraux, des négociants sont sortis de cette institution et lui ont fait honneur. Parmi les enfants du pays, nous citerons: le général de Berckheim, MM. Metzger, J. M. Decker, de Turckheim, de Colmar; J. E. de Dietrich et Lichtenberger, de Strasbourg; Daniel et Jacques Dollfus, de Mulhouse, etc.

En 1792, devant la gravité des événements, Pfeffel ferma l'*Académie militaire*, et, la perte de sa fortune, par suite du cours forcé des assignats, ne lui permit pas de recommencer son œuvre. Il ne cessa néanmoins pas de travailler dans un but d'utilité publique. Nommé secrétaire-interprète de la préfecture, membre du consistoire, vice-président de la Société d'émulation des sciences, arts et belles-lettres, Pfeffel apporta à ces diverses fonctions le concours persévérant de son talent, de sa bonne volonté, de son inépuisable bienveillance. Pfeffel mourut à Colmar, entouré de sa femme, de ses enfants et petits-enfants, le 1er mai 1809. Il a été, et il est resté fabuliste célèbre, écrivain de goût et d'imagination, poète renommé, pédagogue incomparable ; mais sa bonté, sa générosité, son dévouement, son amour de l'humanité ont été et resteront ses plus beaux titres de gloire.

Le 5 juin 1859 a eu lieu sur la place des Unterlinden, l'inauguration de la belle statue offerte à la ville de Colmar par le sculpteur Friedrich. Elle représente notre poète dans une pose calme et digne.

Mme Beck-Bernard

SOURCES. Photographie d'après la gravure d'Autenrieth du portrait Karpff, de Colmar. — Aug. Stœber. *Neujahrsblätter*, 1843. — Mme Lina Beck-Bernard. *Théophile-Conrad Pfeffel, de Colmar*. Souvenirs biographiques recueillis par son arrière-petite-fille, 1866.

ANT. MEYER, PHOTOG. COLMAR   DÉPOSÉ

HENNER, Jean-Jacques

HENNER, Jean-Jacques

PEINTRE, né à Bernwiller, le 5 mars 1829. Son père, un cultivateur, avait l'esprit ouvert aux choses de l'art, et aux premières marques que donna son fils d'une vocation décidée, le brave homme n'accueillit pas sans joie et sans orgueil l'idée qu'il serait un peintre : « Jean-Jacques aussi, aimait-il à répéter, aura le prix de Rome. » M. Henner commença à étudier le dessin au collège d'Altkirch, où il eut pour professeur un homme de beaucoup de talent, M. Goutzwiller, qui est aujourd'hui fixé à Paris, et dont on a pu voir de beaux dessins à la plume dans la *Gazette des beaux-arts*. Le maître et l'élève devenu illustre, demeurent à quelques pas l'un de l'autre ; une affection profonde les unit. Après trois années d'études élémentaires, M. Henner alla à Strasbourg travailler dans l'atelier de Gabriel Guérin, se lia dans cette ville avec Jundt et Lix et y copia au Musée le *Berger* de Heim, qui a péri dans le bombardement de 1870. Peu après la mort de Guérin, au commencement de 1847, M. Henner partit pour Paris, où il entra dans l'atelier de Drolling sur la recommandation duquel le conseil général du Haut-Rhin lui vota une pension de 500 fr. A la mort de ce maître il fut reçu à l'atelier de Picot. Elève lauréat de l'Ecole des beaux-arts de Paris, il remporte en 1858 le premier grand prix de peinture. Le sujet de composition était *Adam et Eve trouvant le corps d'Abel*. Entré à l'Ecole française de Rome le 27 janvier 1859, il retourna à Paris après cinq ans d'études. C'est là qu'il peignit les quatre peintures à l'huile suivantes qui se trouvent au Musée de Colmar :

Madeleine pécheresse. Madeleine, demi-nue, est couchée à l'entrée d'une caverne, un crâne devant elle. Au fond un paysage d'une facture sévère. Don de M. Henner, 1861.

Le Christ en prison. Le Christ, de grandeur naturelle, est assis dans une attitude méditative et résignée. Acquis par la ville de Colmar, 1861.

Tête d'étude. Portrait d'une jeune romaine, exécuté à la villa Médicis. Don de M. Henner, 1861.

Jeune baigneur endormi, peinture qui fit sensation au Salon de 1863. Don de l'empereur, 1863.

M. Henner a donné depuis :

Victor Schnetz, 1863 ;

L'Enfant à l'orange ; la Chaste Suzanne, 1865, acquise par l'Etat ; *Jeune fille* vêtue de noir, avec une mantille noire sur la tête et une fleur de grenadier dans les cheveux, 1866 ; *la baronne de J...*, 1866 ; *Biblis changée en source*, une des perles du musée de Dijon, 1867 ; *le Premier président D. d'A...*, 1867 ; *la Toilette*, 1868 ; *M*^{me} *F. D...*, 1868 ; *Femme couchée*, 1869 ; *l'Alsace*, 1870, personnifiée dans une jeune alsacienne portant la cocarde tricolore. C'est une de ses œuvres les plus connues : l'original fut offert, en 1872, à M. Gambetta par un comité de dames alsaciennes, et la gravure a depuis popularisé ce type sympathique ; *la Femme au divan noir*, au Musée de Mulhouse ; *Idylle*, 1872, au Luxembourg ; *le général Chanzy*, 1873 ; *M*^{lle} *E. D...*, 1873 ; *Madeleine dans le désert*, 1874 ; *le Bon Samaritain*, 1874, au Luxembourg ; *Naïade*, 1875, au Luxembourg ; *M. Picard*, ancien avoué de la ville de Paris, 1875 ; *le Christ mort*, 1876 ; *M*^{me} *Kara-*

kéhia, 1876, suivant M. Jules Claretie c'est une œuvre d'une absolue beauté. « Lorsque la femme d'Orient, qui posa pour cette toile devant le peintre, aperçut enfin son visage ainsi transporté dans un cadre, elle éprouva, paraît-il, une sorte de terreur. Il lui semblait qu'elle était dédoublée et qu'on lui avait, comme à Pierre Schlemiel, dérobé son ombre; » *Saint Jean-Baptiste*, 1877, M. Henner a représenté Saint Jean de profil, la tête coupée reposant sur un plat de cuivre. Cette tête, maigre et souffrante, les cheveux rares, le front dégarni déjà, la barbe épaisse, le type hébraïque est une merveille d'exécution; *le Soir*, 1877, c'est une femme rousse, vue de dos, étendue sur l'herbe, avec sa puissante chevelure rousse tombante, d'une seule masse, de sa nuque sur ses épaules; *le Christ mort*, 1878; *Eglogue*, une des toiles les plus admirées de l'artiste, 1879; *Jésus au tombeau*, 1879; *M. C. Hayem*, exposition universelle, 1878; *Jeune fille se mirant dans un puits; Tête de jeune fille endormie; la Prière*, 1882. En 1853, il fit une grande copie du *Christ* de Prudhon, qui fut placée dans l'église d'Altkirch.

On compte encore parmi ses meilleurs portraits ceux de Madame Kestner, de Madame Floquet, de Madame J. Ferry, de Mademoiselle Scheurer, de M. Ernest Reyer, de M. Hæffely, député, étendu sur son lit quelque temps avant sa mort, et *tutti quanti*, sans compter son forgeron de Bernwiller.

M. Henner a obtenu trois médailles aux Salons de 1863, 1865 et 1866, hors concours en 1875 il a eu une médaille 1re classe à l'Exposition universelle. Décoré de la Légion d'honneur le 1er novembre 1873, il est promu officier le 10 juillet 1878. La même année il a été nommé membre du jury international des récompenses à décerner à l'occasion de l'Exposition universelle, et est membre du jury depuis plusieurs années.

SOURCES. Portrait d'après une photographie. — Dreyfus, éditeur. *Les Hommes du jour. Henner.* — Ch. Goutzwiller. *Catalogue du Musée de Colmar*, p. 83, 2ᵉ édit. — Eug. Müntz. *L'Alsace au Salon de 1868.* — Paul Ristelhuber. *La Feuille du Samedi*, p. 90. — Seinguerlet. *Revue alsacienne*, 1881, p. 241/264.

ANT. MEYER, PHOTOG. COLMAR DÉPOSÉ

KOCH, Christophe-Guillaume

KOCH, Christophe-Guillaume

Historien, né à Bouxwiller, le 9 mai 1737. Au gymnase protestant de Strasbourg, où il avait été mis, il luttait assez péniblement contre les difficultés de prononciation de la langue française, et on raconte qu'un jour il alla s'asseoir volontairement au dernier banc de sa classe, désespérant de ne point réussir dans la prononciation d'un mot particulièrement difficile. Même, si l'on en croit l'anecdote suivante, il n'arriva jamais à se défaire complètement de son accent : « Koch lisait à l'Académie des Inscriptions et Belles-« lettres un mémoire sur je ne sais quel sujet « historique. Il y parlait de l'Empire du Soleil, mais « en articulant ce nom comme s'il se fût agi d'un des « gras pensionnaires qu'élèvent les basses-cours du « Mans. Le président l'interrompit d'une façon peu « gracieuse : Monsieur Koch, lui dit-il, on prononce « le *Japon* et non le *Chapon*. » — « Monsieur le « président, répliqua notre compatriote vexé avec « un à-propos qui mit les rieurs de son côté, on « ne dit pas M. *Coq*, mais M. *Koch*. »

Koch s'attira bientôt l'attention de ses professeurs, et surtout de l'illustre Schœpflin. Il n'avait que vingt-cinq ans lorsqu'il publia ses premières études de droit public, qui furent remarquées des critiques compétents et dont le margrave de Bade accepta la dédicace. Cette même année 1762, il faisait son premier voyage à Paris, où il fit connaissance avec d'Anville, Barthélémy, de Bréquigny, Capperonnier, de Guignes, Le-Beau et de Sainte-Palaye. A son retour à Strasbourg, en 1763, il se lia plus particulièrement avec Schœpflin qui se l'associa directement à ses travaux, surtout à la publication de l'*Alsace diplomatique* et à celle de l'*Histoire de la maison de Zæhringen*. Schœpflin voulut aussi lui assurer un avenir, et quand il légua, en 1766, sa magnifique bibliothèque, aujourd'hui détruite, à la ville de Strasbourg, il le fit à la condition que Koch en serait nommé bibliothécaire. Celui-ci le devint en effet à la mort de son protecteur et maître, arrivée en 1771. Bientôt après on lui donna également une place de professeur extraordinaire pour la partie d'histoire et de droit public à l'Université et il se vit successivement appelé à une place de professeur titulaire, nommé membre honoraire de la Société latine du margraviat de Bade, membre des Académies de Besançon, de Bruxelles, de Mannheim, de Stockholm, membre du Musée de Paris, et anobli par l'empereur Joseph II, qui lui envoya le diplôme de chevalier de l'Empire.

La grande Révolution vint arracher Koch à ses travaux, et dans les derniers jours de 1789, nous le voyons arriver à Paris avec M. Sandherr, *Stœttmeister* de Colmar, pour y défendre les droits civils et religieux des protestants de l'Alsace. C'est à ses efforts, à sa connaissance approfondie du droit public d'alors, et à l'estime qu'inspiraient son caractère et son talent, qu'est dû le décret du 17 août 1790 qui sauvegardait les grandes institutions scolaires et scientifiques de Strasbourg contre toute destruction immédiate. Ses concitoyens reconnaissants le nommèrent d'abord membre de l'administration du district, et l'année suivante, le 29 août 1791, député du Bas-Rhin à l'Assemblée législative, où il fut porté par ses collègues, et bien malgré lui, à la présidence du comité diplomatique. Il essaya de maintenir la paix entre la France et les nations voisines, mais il ne fut pas écouté.

Après le 20 juin, Koch fut l'un des principaux instigateurs de la déclaration des cinq mille électeurs strasbourgeois, protestant contre toute atteinte au pacte constitutionnel. Aussi quand la révolution du 10 août eut mis fin à son mandat, il se vit attaqué par les jacobins de Paris et de Strasbourg. Après un court séjour en Suisse, il fut incarcéré comme suspect, en septembre 1793, relâché bientôt avec ordre de s'éloigner des frontières, arrêté de nouveau dans sa retraite par le fameux Euloge Schneider, et détenu, comme tant d'autres Strasbourgeois, dans les murs du grand séminaire. C'est après onze mois de captivité dans différentes prisons, pendant lesquels il fut exposé plusieurs fois à périr, victime de ses principes, que le représentant Foussedoire le rendit à la liberté. Un peu plus tard, le représentant Bailly le nommait administrateur du département du Bas-Rhin. Dans cette position nouvelle, Koch rendit de précieux services aux institutions strasbourgeoises. Dès que les élections régulières furent possibles, il déposa son mandat, refusant une place de juge au tribunal de Strasbourg. En 1798 il fut appelé aux conférences de Seltz et de Rastadt.

Plus tard ce fut à lui que s'adressèrent les églises protestantes d'Alsace pour la rédaction d'un projet de loi qui fut mis à la base de la loi du 18 germinal an X, laquelle régit encore l'Eglise de la Confession d'Augsbourg en Alsace. En 1802, le Sénat le nommait membre du Tribunat. Comme tel il utilisa son influence, pour obtenir le décret du 30 floréal an XI, qui transformait l'ancienne Université en Académie protestante, et pour faire créer à Strasbourg une Ecole de droit. Lors de la suppression du Tribunat il refusa tous les avantages personnels qu'on lui offrit.

De 1808 à 1812 nous le voyons devenir successivement président de la Société des sciences et arts du Bas-Rhin, doyen de l'Ecole de droit, membre de la Commission des hospices, membre du Directoire de l'Eglise de la confession d'Augsbourg, recteur honoraire de la nouvelle Académie de Strasbourg, membre de la Société d'agriculture du Bas-Rhin, doyen à vie de la fondation de Saint-Thomas, chevalier de la Légion d'honneur.

Il termina sa carrière le 25 octobre 1813, à une heure après midi. Un monument lui a été érigé dans le temple de Saint-Thomas, auprès de celui de Schœpflin; il a été exécuté par le sculpteur Ohmacht et représente le buste de Koch.

Liste des principaux ouvrages de Koch:

Tableau des révolutions de l'Europe depuis le bouleversement de l'empire romain en Occident jusqu'à nos jours. (Paris 1807, 3 vol. in-8°; 1813, 4 vol. in-8°), continué par Schœll jusqu'à la Restauration (1823, 3 vol. in-8°). — L'édition de Lausanne, 1771, est anonyme: elle fut publiée à l'insu de l'auteur, sur les simples cahiers dont il se servait dans ses leçons.

Tableau généalogique des maisons souveraines du Sud et de l'Ouest de l'Europe. (Strasbourg, 1782, in-4°.)

Tables généalogiques des maisons souveraines du Nord et de l'Est de l'Europe. (Ouvrage posthume, publié par Schœll.)

Tableau des révolutions de l'Europe dans le moyen-âge. (Strasbourg, 1790, 2 vol. in-8°.)

Abrégé de l'histoire des traités de paix entre les puissances de l'Europe, depuis la paix de Westphalie. (Bâle, 1796, 4 vol. in 8°), continué par Schœll. (Paris, 1817, 4 vol. in-8°.)

Tableau des traités entre la France et les puissances étrangères suivi d'un recueil de traités et d'actes diplomatiques qui n'ont jamais vu le jour. (Bâle, 1802, 2 vol. in-8°.)

Discours sur la motion de Mathieu concernant les protestants d'Alsace, prononcé dans la Société des amis de la constitution, le 15 octobre 1790.

SOURCES. Quérard. *La France littéraire*... T. IV. — Haag frères. *La France protestante* - R. Reuss, *Vieux noms et rues nouvelles de Strasbourg.* Causeries biographiques. (Strasbourg, Treuttel et Würtz, 1883, 1 vol.) — F. Schœll. *Notice*, en tête de son édition de l'*Histoire abrégée...* — J.-G. Schweighæuser. *Vie de Ch.-G. Koch.* — Ed. Dollfus. *Biographies alsaciennes.* — Photographie d'après une gravure de G. Guérin.

SIEGFRIED, Jacques

SIEGFRIED, Jacques

VOYAGEUR, né à Mulhouse le 26 mars 1840, est fils de Jacques Siegfried, négociant, connu par ses voyages en Perse et au Mexique où il faisait le commerce des toiles peintes de l'Alsace, et de Louise Blech, fille de l'un des grands fabricants de Mulhouse.

Ayant passé les examens du baccalauréat en 1856, M. Jacques Siegfried fit en 1857 son apprentissage commercial à Liverpool et à Manchester.

En 1858 il fonda à la Nouvelle-Orléans la Maison cotonnière Jacques Siegfried; en 1862 la guerre de sécession, interrompant les envois de coton d'Amérique, il établit avec son frère Jules des Maisons cotonnières à Bombay, à Liverpool et au Hâvre. En 1866 ils fondèrent ensemble l'Ecole supérieure de Mulhouse en donnant dans ce but à la Société industrielle de cette ville la somme de cent mille francs; des écoles ont été créées sur ce modèle à Lyon, Marseille, Bordeaux et au Hâvre.

Chargé par le gouvernement français de la mission de rechercher les meilleurs moyens de développer le commerce de la France à l'étranger, M. Siegfried fit de 1867 à 1869 un voyage autour du monde, et visita tout particulièrement l'Inde, Java, la Cochinchine, la Chine, le Japon et l'Amérique. Pendant le cours de ce voyage il fit parvenir au ministère du commerce de nombreux mémoires dont les plus remarquables sont:

Rapport sur l'Inde anglaise, présenté à S. Exc.

le ministre de l'agriculture, du commerce et des travaux publics, par M. Jacques Siegfried. Colombo, 1868.

Rapport sur la Cochinchine française. Saïgon, 1868.

Rapport sur la Chine. Hankow, 1868.

Le commerce au Japon. Yokohama, 1868.

Le commerce de l'extrême Orient. San-Francisco, 1868.

En 1873 M. Siegfried fut nommé administrateur du Comptoir d'escompte de Paris et, en 1874. membre de la Commission instituée par le gouvernement pour le développement des exportations, En 1875, il est lauréat de la grande médaille du commerce de la Société d'encouragement pour l'industrie nationale. De 1881 à 1882 il entreprend un second voyage autour du monde et visite de nouveau l'Inde, la Cochinchine, la Chine, le Japon ainsi que Sandwich.

M. Siegfried est aussi l'un des principaux fondateurs de l'Ecole libre des sciences politiques et de l'Etablissement hospitalier de Cauterets, dont il est le vice-président depuis l'origine; il a contribué à fonder le journal l'*Economiste français;* il a été président de l'Ecole supérieure de commerce du Hâvre depuis sa fondation, en 1872 jusqu'en 1882. Il est membre de la Commission officielle du commerce extérieur de la France; de la Société d'économie politique; de la Société de géographie; du Comité d'encouragement des études commerciales en France; il est l'administrateur de différentes sociétés commerciales, industrielles ou maritimes, etc., etc.

M. Jacques Siegfried est l'auteur de:

Seize mois autour du monde, et particulièrement aux Indes, en Chine et au Japon, ouvrage accompagné d'une carte, 1867-1869, 1 vol. format anglais, de 360 pages. Paris, librairie Hetzel.

Dans la première partie de cet ouvrage, M. Siegfried émet au courant de la plume ses impressions à la vue des merveilles dont la nature est si prodigue dans les pays si différents d'aspect, de climat, de population et de mœurs, qu'il a parcourus. La seconde partie renferme les rapports déjà cités. Qu'on me permette une citation qui est encore exacte aujourd'hui : « Le gouvernement ne
« nous soutient pas, entendais-je dire à quelques
« négociants de Saïgon. Je ne pouvais m'empêcher
« de répondre tout bas : Grands enfants que vous
« êtes, vous demandez bruyamment la liberté po-
« litique en France, et ici, vous avez peur de sa
« sœur cadette, la liberté commerciale ! Vous vous
« plaignez, et je fais chorus avec vous, que, dans
« notre patrie, nous sommes dans les langes de
« l'administration ; prouvez avant tout, puisqu'ici
« vous en avez l'occasion, que votre initiative sait
« se conduire elle-même ! »

Le canal et le port Saint-Louis à l'embouchure du Rhône. Rapport adressé à M. le président de la Chambre de commerce de Mulhouse. Cannes, 1869.

SOURCE. Auguste Klenck ; Ch. Grad. *Industriel alsacien*, 1869. — Portrait d'après une photographie.

Saint-Léon IX (Brunon), pape.

SAINT-LÉON IX (Brunon) pape

BRUNON naquit le 21 juin 1002, en Alsace (près de Woffenheim). Son père Hugues IV, comte de Nordgau, résidait à Eguisheim. Par sa mère, Heilwige, son origine se rattachait aux anciens comtes de Dabo, et par une tante maternelle il se trouvait parent de l'empereur Conrad le Salique. A l'âge de cinq ans, l'éducation de Brunon fut confiée à l'évêque Berthold de Toul, qui avait deviné, dans le caractère studieux et méditatif de cet enfant précoce, une des gloires futures de l'Eglise. Sa mère était un modèle de piété; elle avait, de concert avec son mari, fondé l'Oelenberg et l'abbaye de Woffenheim, qui fut appelée *Sainte-Croix*, après que Brunon, devenu pape, lui eût fait don d'une particule de la vraie croix. Jeune homme, il partageait ses journées entre l'étude des sciences ecclésiastiques et la visite des hôpitaux et des prisons. L'empereur Conrad le Salique ayant appelé le jeune lévite à sa cour, Brunon y resta, sans affectation, austère au milieu des plaisirs, recueilli au milieu de la vie dévorante des affaires; dans ses loisirs il sacrifia au culte des muses latines : très jeune déjà il avait célébré son aïeule Odile.

Lorsqu'en 1026, Herrmann, évêque de Toul, vint à mourir, l'empereur jeta les yeux sur son parent et lui conféra cet évêché. A peine âgé de vingt-quatre ans, il conserva, sur le siège épiscopal, toute son austérité primitive et, en face de son clergé, il développa une sévérité, une fermeté qu'on ne s'était point attendu à trouver dans ce jeune homme doux et humble. Comme évêque il essaya les forces dont il devait trouver l'emploi près de trente ans plus tard sur une scène infiniment plus vaste. Il entama avec son clergé prévaricateur une lutte incessante, chassant les abbés incapables, rétablissant la discipline à Senones, à Saint-Dié, à Estival, à Moyenmoutier, composant des hymnes, descendant des hauteurs de la méditation, lorsque les ordres de l'empereur lui confiaient des soins politiques. Il était parvenu à réconcilier Conrad le Salique et Robert, roi de France; il avait rétabli la paix en Lorraine, après la mort d'Eutes, comte de Champagné.

Brunon avait fait (en 1045) restaurer le couvent de Hohenbourg, détruit par un incendie, et aspirait plutôt à entrer dans un couvent de Bénédictins qu'à réunir sur sa tête de nouvelles dignités ecclésiastiques, lorsque l'empereur lui annonça, dans les derniers jours de 1048, que la diète de Worms l'appelait par un vœu unanime, à la chaire pontificale vacante par la mort subite de Damas II. Si jamais une assemblée délibérante avait été bien inspirée, ce fut cette diète convoquée par l'empereur à Worms; car de l'aveu de tous les contemporains — et ce jugement premier a été ratifié par la postérité — le choix qu'on y fit d'un pape ne pouvait tomber sur un prêtre plus digne que ne l'était l'évêque de Toul. Brunon accepta et partit pour Rome, où il voulut entrer pieds nus.

Le lendemain de son arrivée, il monta en chaire, et harangua le clergé et le peuple, auxquels il annonça son élection, en déclarant qu'il ne regardait comme canonique que celle de la capitale de la chrétienté. Il fut accueilli par une approbation générale, et installé aussitôt sur le siège apostolique. En ceignant la tiare, Brunon prit le nom de Léon IX, qu'il immortalisa par l'éclat de sa vertu.

Les annales ecclésiastiques mettent en lumière l'activité dévorante du nouveau pape, qui convoqua concile sur concile, et parcourut incessamment l'Europe centrale, pour relever l'épiscopat amoindri, et imprimer une vie nouvelle à des règlements oubliés ou méconnus. Il fit aussi plusieurs séjours en Alsace où il répandait ses bienfaits aux nombreux couvents fondés par sa famille.

Son retour de Cologne fut un sujet d'allégresse publique; mais sa sollicitude pastorale ne le laissa pas longtemps à Rome, l'Italie méridionale, ravagée par les Normands, réclamant ses soins; il retourna bientôt en Allemagne, afin d'obtenir des secours contre cette incursion. Au milieu de toutes ces occupations, Léon IX travaillait à la réconciliation du roi de Hongrie et de l'empereur. Enfin, il revint en Italie avec les troupes destinées à repousser les ennemis. Leurs efforts ne furent pas heureux: le pape, qui les accompagnait, tomba lui-même, après une défaite complète, au pouvoir de l'ennemi, qui cependant respecta son malheur et sa dignité. Le comte Humfroy le fit conduire avec honneur à Bénévent: il y passa près de dix mois, dans les prières, les jeûnes et les austérités, couchant sur le plancher de sa chambre, recouvert d'un seul tapis, et la tête appuyée sur une pierre, qui lui servait d'oreiller. Au mois de mars 1054, une maladie lui ôta la faculté de prendre aucune nourriture solide, et l'obligea de retourner à Rome, où il termina, le 19 avril 1054, par la mort la plus édifiante, une vie remplie de bonnes œuvres. Plusieurs miracles s'opérèrent sur le tombeau de Léon IX. L'Eglise honore sa mémoire le 19 avril, et son nom est inscrit au martyrologe. Outre plusieurs décrétales et lettres insérées dans les collections des conciles, il nous reste de lui une *Vie de Saint-Hidulphe*, dans le *Thesaur. anecdot.* de D. Martène.

A Eguisheim on lui a élevé un monument qui orne la principale fontaine du village.

SOURCES. D. Calmet, *Preuves de l'histoire de Lorraine*, I, col. 176 (Cedulæ cujuslibet episcopi Tullensis). - Abbé Delarc. *Un Pape alsacien. Essai historique sur Saint-Léon IX et son temps.* — Ed. Dollfus. *Biographieen berühmter Elsässer;* T. I. — *Histoire littéraire de France* par les bénédictins, T. VII. — X. Hunkler. *Leo der Neunte und seine Zeit.* — X. Hunkler. *Leben der Heiligen des Elsasses*, 1839, p. 47. — P. Ristelhuber. *La Feuille du Samedi*, p. 68. — L. Spach. *Oeuvres choisies*, T. I. — Photographie d'après une lithographie de Simon fils, à Strasbourg.

ANT. MEYER, PHOTOG. COLMAR   DÉPOSÉ

Baron Renouard de BUSSIERRE, Alfred

Baron RENOUARD de BUSSIERRE, Alfred

INDUSTRIEL et homme politique, né à Strasbourg, le 14 juin 1804. Banquier dans cette ville il s'associa les frères Oswald, de Saint-Louis, dans le but de créer un transport de marchandises sur le chemin de fer de Bâle à Strasbourg et d'organiser un service de bateaux à vapeur, descendant le Rhin, et retournant en poste par le canal. Président du tribunal de commerce de sa ville natale, il devint directeur de la Monnaie de Strasbourg et fut appelé, en 1860, à la direction de la Monnaie de Paris. M. de Bussierre fut nommé membre du Consistoire supérieur de la confession d'Augsbourg et conseiller général pour le canton de Geispolsheim. Député sous la monarchie de juillet, il vint en 1852, représenter au Corps législatif la première circonscription du Bas-Rhin. Réélu les années suivantes comme candidat du gouvernement, il obtint, en 1863, 21,541 voix sur 28,274 votants, et en 1869, 17,689 voix sur 29,337; dans ces dernières élections il eut pour concurrent M. Laboulaye. Quoique ses fonctions à la Monnaie eussent été invoquées comme un motif d'incompatibilité, son élection fut validée par la Chambre des députés. En janvier 1863 ils fut nommé administrateur de la Société générale du Crédit mobilier.

Dés le début de la guerre franco-prussienne, M. de Bussierre, membre de la Société internationale de secours aux blessés, fut, malgré ce titre, arrêté par les Allemands, fait prisonnier et enfermé dans la prison d'Etat de Rastadt (août 1870).

En 1875, le grand industriel de Graffenstaden et d'Huttenheim célébra ses noces d'or. Cette fête de famille eut lieu au château de Bussierre — une des plus belles propriétés qu'on puisse rêver — avec le concours de toute la population des environs. A cette occasion, M. le pasteur Riff fut chargé de remettre aux mariés, de la part des habitants de la Robertsau, à titre d'hommage et de témoignage de reconnaissance, une magnifique Bible, reliée en noir et or, avec fermoirs en or. On distribua aux invités un écrin renfermant une belle médaille de bronze et portant d'un côté les armes de la famille de Bussierre, de l'autre cette inscription :

15 juin 1825 — 15 juin 1875
Alfred baron Renouard de Bussierre
Louise-Mélanie baronne de Cœhorn
Souvenir
de cinquante années
de mariage accomplis
sous la Bénédiction
de Dieu.

Parmi les nombreuses œuvres de bienfaisance de M. le baron Renouard de Bussierre on remarque une donation à Graffenstaden de 200,000 fr., dont les rentes doivent servir à l'éducation d'enfants pauvres ou au soulagement d'ouvriers infirmes, et une autre donation de 30,000 fr. dont les intérêts sont distribués chaque année à dix nécessiteux de la Robertsau désignés par une Commission.

M. de Bussierre a été promu officier de la Légion d'honneur, le 12 août 1858.

Il est l'auteur des publications suivantes :

Examen critique de la législation relative à la commission mixte des travaux publics, de ses inconvénients sous le rapport militaire et des obstacles qu'elle oppose au développement de la richesse nationale. Paris, Dupont, in-8", 20 p., 1841.

Considérations militaires et commerciales sur les chemins de fer de Paris à la frontière de Belgique et de Paris à Strasbourg. Châlons, Bonniez Lambert, 1842, in-8", 20 pages.

Discours de M. de Bussierre, dans la discussion du projet de loi relatif à l'établissement d'un chemin de fer de Paris à la frontière de l'Est. Séance du 1ᵉʳ juillet 1844. Paris, Panckoucke, 1844, in-8º, 24 pag. Imprimé à la demande des délégués du commerce de Compiègne, Soissons et Reims.

Le commerce extérieur et la politique de la France. Paris, Marc Aurel, 1848, in-8º, 32 pages.

Lettre sur les fondations de Saint-Thomas, adressée à M. Coulaux, maire de Strasbourg et député de Saverne. Strasbourg, 10 juillet 1854, in-8º, 16 pages. L'auteur était alors député de Strasbourg.

SOURCES. Quérard. *La France littéraire...* T. 12. — Rod. Reuss. *A. Schillinger*, Strasbourg 1883, p 151. — *Profils parlementaires*, 1869, p. 188. — Vapereau. *Dictionnaire des contemporains*, 5ᵉ édition. — Portrait d'après une photographie.

ANT. MEYER, PHOTOG. COLMAR   DÉPOSÉ

ANDRIEUX, François-Guillaume-Jean-Stanislas

ANDRIEUX

Andrieux, François-Guillaume-Jean-Stanislas, naquit à Strasbourg le 6 mai 1759. Sa mère s'appelait Josèphe-Nicole de Sens. Son père avait été conduit en Alsace par ses fonctions de directeur des comptes de la régie des fourrages et fut son premier instituteur. Le jeune Andrieux termina ses études au collège du cardinal Lemoine à Paris et fut placé ensuite chez un procureur au Châtelet. Mais son goût pour la littérature ne tarda pas à éclater. Une romance de François de Neufchâteau, intitulée *Anaximandre*, lui fournit le sujet de sa première comédie. Elle fut représentée par les Italiens (qui depuis trois ans n'étaient plus que des Français) le 20 décembre 1782 pour faire suite à l'*Indigent*, de Mercier. « Petit acte, écrivait La Harpe dans sa *Correspondance littéraire*, d'un jeune homme de *dix-neuf* ans ; bagatelle assez agréablement dialoguée et qui a été bien reçue. »

Le démon du théâtre ne détourna pas Andrieux de son but, qui était de se présenter à l'examen du doctorat pour conquérir une chaire de jurisprudence. Une circonstance douloureuse l'arrêta dans ce projet : il perdit son père qui ne laissait point de fortune. Il chercha dès lors à entrer dans une carrière qui lui permit de venir immédiatement en aide à sa famille. Ce fut ainsi qu'il consentit à accepter l'offre d'une place de secrétaire chez le duc d'Uzès. Trois ans plus tard, il prenait rang parmi les avocats stagiaires. Voici par quels degrés s'éleva dans la vie politique celui qui devait effacer le souvenir de ses dignités par le charme de ses causeries et s'appeler l'auteur des *Etourdis :* 1786, avocat consultant dans l'affaire du Collier, rédacteur et signataire du Mémoire pour l'abbé Mulot, chanoine et bibliothécaire de Saint-Victor; 1789, chef de bureau à la liquidation générale; 1796, élu membre du tribunal de cassation; 1798, élu membre du conseil des Cinq-Cents; 1800, nommé membre du Tribunat, porté deux mois après à la présidence et promptement éliminé avec Daunou, avec Ginguené, avec Benjamin Constant, dont le tort, comme le sien, était de tenir tête aux prétentions du Conseil d'Etat.

C'est après le rejet du premier titre du Code civil que, Bonaparte se plaignant à Andrieux des résistances du Tribunat, le poëte lui répondit : « Citoyen premier consul, on ne s'appuie que sur ce qui résiste. » Le mot est devenu historique. Andrieux fit ses adieux aux fonctions publiques dans une phrase sans prétention où chaque mot a la discrète fierté du vrai : « J'ai rempli des fonctions importantes que je n'ai ni désirées, ni demandées, ni regrettées. » « J'en suis sorti aussi pauvre que j'y étais entré, ajoute-t-il, n'ayant pas cru qu'il me fût permis d'en faire des moyens de fortune et d'avancement. Je me suis réfugié dans les lettres, heureux d'y retrouver un peu de liberté, de revenir tout entier aux études de mon enfance et de ma jeunesse, études que je n'ai jamais abandonnées, mais qui ont été l'ordinaire emploi de mes loisirs, qui m'ont procuré souvent du bonheur et m'ont aidé à passer les mauvais jours de la vie. »

En 1804, M. Lacuée, gouverneur de l'Ecole polytechnique, y fit créer une chaire de belles-lettres et nommer à ce poste Andrieux, qui l'occupa pendant douze ans. C'était avec une bonté toute paternelle qu'il parlait aux jeunes gens qui suivaient ses leçons. Elles consistaient plutôt en une charmante causerie que dans un enseignement doctrinal. Aussi arrivait-il quelquefois aux élèves d'oublier le règlement de l'école, qui leur défendait de donner aucune marque d'approbation ou d'improbation aux leçons des professeurs.

Le 24 février 1806, Andrieux perdit son ami Colin d'Harleville. Rien de plus touchant que l'intimité qui exista entre les deux poëtes. Elle a été célébrée par Ducis, qui nous montre Andrieux, son crayon rouge à la main, revoyant avec son goût si délicat les ouvrages de Colin. Tantôt c'était celui-ci qui ajoutait quelques vers à une scène d'Andrieux, tantôt au contraire Andrieux rendait le même service à son ami.

En 1814, la chaire de littérature française au Collège de France étant devenue vacante, notre poëte se mit sur les rangs pour l'obtenir. La double présentation du Collège de France et de l'Académie française lui valurent celle du ministre de l'Intérieur et ensuite sa nomination par ordonnance royale. Rien n'était plus attrayant que la manière de professer d'Andrieux. Il tenait l'attention éveillée par d'heureuses citations et des lectures bien choisies. Les plus petites choses prenaient dans sa bouche du charme et de l'intérêt. Parfois il mêlait une douce malice à une naïve bonhomie. C'était surtout lorsqu'il récitait des fables de La Fontaine qu'éclatait ce côté de son esprit, qu'un sentiment parfait des convenances lui faisait modérer à l'occasion. On a dit qu'Andrieux admirait peu Gœthe et Schiller, qu'il n'aimait point la poésie allemande, enfin qu'il n'eut jamais rien de commun avec l'Allemagne que d'être né dans la capitale de l'Alsace. Cependant il a traduit de Willamow une *fable dialoguée* et, parmi ses poésies fugitives, on lit une romance de Charlotte au tombeau de Werther.

En 1829, Andrieux fut nommé secrétaire perpétuel de l'Académie française, en remplacement d'Auger, qui s'était donné la mort. Ses rapports sur les concours sont quasi des ouvrages où les sujets de prix sont traités avec étendue et supériorité. Cependant notre poëte approchait du terme de sa carrière. A partir de 1832, ses forces diminuèrent et dans l'automne de cette année il écrivait : « Je sens, comme Fontenelle, une grande difficulté de vivre. » Ses enfants l'engagèrent alors à se faire suppléer, il leur répondit : « Un professeur doit mourir à son poste. » Le 10 mai 1833, il s'éteignit entre les bras de sa sœur et de ses enfants. Ses dépouilles mortelles reposent au cimetière du Père-Lachaise, où ses filles lui ont fait élever un monument sur lequel sont gravés quatre vers extraits du conte de l'*Alchimiste* :

> Que ne peut-on racheter à prix d'or
> Un bien si grand, une tête si chère !
> Que n'avons-nous à donner un trésor !
> Nous l'offririons pour revoir notre père.

Andrieux avait peu d'invention dramatique. C'est dans un cadre plus modeste qu'il faut chercher l'expression originale de sa physionomie. Conteur espiègle qui moralise avec enjouement, il n'eut qu'un filet de voix, mais qui lui venait de la Muse attique. Nul, en de courts récits, ne sut faire un plus sobre et plus habile emploi d'un talent qu'assaisonnait un grain de sel piquant et pur. Est-il besoin d'en citer un exemple ? Qui ne connaît le *Meunier de Sans-Souci ?*

Le premier recueil publié par Andrieux est intitulé : *Contes et opuscules*, en vers et en prose suivis de poésies fugitives, Paris, Renouard, an VIII (1800), in-8° de 183 pages. La *Bulle d'Alexandre VI* parut an X (1802) chez Dabin, in-8°, et la *Querelle de saint Roch et de saint Thomas* chez le même an (XI 1803), in-8°. Cette dernière a été réimprimée dans la *Décade philosophique*, 1er trimestre de l'an XI, p. 238, dans les deux éditions belges de 1837 et de 1842 et dans notre édition des *Contes*, Paris, Charavay, 1882, in-16, la seule où soit observé un certain ordre chronologique. La *Bulle d'Alexandre VI* a été réimprimée par Gay, Luxembourg, 1866; par Liseux, la *Curiosité littéraire*, Paris, 1881, et dans notre édition des *Contes*. Andrieux a publié ses œuvres en 1818, 3 v. in-8°, un quatrième volume parut en 1823. En 1822 parut encore une édition en 6 v. in-18. Deux éditions d'Oeuvres choisies ont paru chez Ducrocq, l'une sans date (1862), l'autre en 1878, toutes les deux in-8°. Andrieux s'est montré trop sévère envers lui-même en ne comprenant pas dans la publication de ses œuvres plusieurs contes, comme ceux que nous avons cités plus haut et l'*Equivoque*, qui parut dans la *Décade philosophique*, 3e trimestre de l'an X, p. 43.

SOURCES. Taillandier, *Notice*, Paris, 1850. — Berville, *Notice*, Paris, 1862 — Rozan, *Notice*, Paris, 1878, — Thiers, *Recueil de l'Académie française*, 1830-39. — Jourdain, *Poëtes français*, I, p. 446, et II, p. 240. — Photographie d'une miniature appartenant à M. Ristelhuber.

P. Ristelhuber.

HOFER, Josué

HOFER, Josué

NÉGOCIATEUR, né à Mulhouse en 1721. Il fit ses études à Mulhouse, à Leipzig et les termina à Bâle où il obtint le grade de licencié. En 1748, Josué Hofer, succéda à Jean-Henri Reber, dans les importantes fonctions de syndic ou *Stadtschreiber* de sa ville natale. Dans une période, qui n'embrasse pas moins d'un demi-siècle, il fut l'âme de son gouvernement, son conseiller le plus éclairé, son agent le plus actif. Rien ne se fit que par lui, et la considération dont il jouissait non-seulement dans sa patrie, mais au dehors, en Suisse, en Alsace, auprès de l'administration française, lui permit de mener à bonne fin, tout ce qu'il entreprit pour le bien de ses concitoyens.

Le résultat qu'il poursuivit avec le plus d'ardeur, qui fut le plus glorieux de sa carrière politique, parce que le succès fut dû uniquement à ses démarches et à son influence personnelle, fut de réconcilier sa patrie avec les cantons catholiques de la Suisse et de la faire rentrer dans la diète. Il comprenait que la position de Mulhouse, état libre, séparé de ses alliés, isolé au milieu de la puissance française, ne pouvait être durable qu'autant qu'elle serait placée sous la sauvegarde de la confédération entière. Il prévoyait d'ailleurs que l'existence industrielle où Mulhouse venait d'entrer, aurait pour conséquence de livrer son indépendance à la discrétion des douanes françaises, et que, pour continuer d'obtenir des conditions favorables, il faudrait un soutien puissant qu'elle ne pourrait trouver que dans le corps helvétique.

Peu après ce succès, l'indépendance de la patrie se trouva sérieusement menacée, et il lui fallut entreprendre avec la France des négociations bien autrement graves et difficiles, dont l'issue ne lui parut que trop certaine.

Les avantages dont jouissaient les manufactures d'indiennes, furent tout d'un coup mis à néant par l'ordonnance royale d'avril 1785 qui créait une nouvelle compagnie des Indes orientales, et celle de juin de la même année qui interdisait d'une manière absolue, au profit de la compagnie, l'importation de toutes les toiles de coton étrangères. Cette mesure appliquée dans sa rigueur entraînait la cessation immédiate de la fabrication mulhousienne. Le gouvernement se hâta d'envoyer à Paris une députation composée de Josué Hofer, Jean Hofer et Jean Vetter, fabricant d'indiennes, avec des lettres du magistrat pour le comte de Vergennes, ministre des affaires étrangères, et de Calonne, contrôleur-général. Les députés demandèrent d'abord que Mulhouse fut traitée comme le reste de l'Alsace; mais Calonne leur fit observer que la position de leur cité était toute particulière, qu'étant absolument soustraite à l'action de l'autorité française, elle deviendrait aisément un dépôt de marchandises de contrebande; du reste, il leur donna à comprendre qu'on lui accorderait les priviléges les plus étendus, si elle consentait à se mettre sous la puissance du roi. Après la première audience, les députés remirent au ministre un mémoire qui fut mieux accueilli; mais les négociations traînant en longueur, ils sollicitèrent et obtinrent, le 24 octobre, la permission provisoire d'introduire quarante mille pièces aux anciennes conditions, et, le 23 février 1786, Josué Hofer, resté seul à Paris, réussit enfin, à force de persévérance, à faire partager à l'industrie de Mulhouse les précieux avantages des établissements alsaciens. Un arrêté fut pris dans ce sens, mais n'ayant jamais été mis à exécution, il fut, le 21 octobre 1790, de nouveau député à Paris avec la mission d'obtenir, s'il était possible, que le commerce mulhousien fût admis aux mêmes avantages et soumis aux mêmes charges que celui de l'Alsace. Reçu le 18 novembre par l'Assemblée nationale, sa demande fut renvoyée au comité de commerce, et, le 22 septembre 1791, il signa avec Nicolas Thierry et Hartmann-Kœchlin, un traité fort avantageux, qui ne fut pas ratifié par l'Assemblée. Josué Hofer, l'infatigable soutien et défenseur des intérêts de ses concitoyens, se rendit auprès de la confédération suisse pour la supplier d'intervenir en faveur de ses vieux alliés; il l'obtint sans peine; l'ambassadeur français, Barthélemy, écrivit lui-même à son gouvernement, et un arrêté rendu en mars 1794, autorisa le transit.

En 1797 le directoire ayant ordonné que toutes les mesures de rigueur fussent reprises contre Mulhouse, le grand-conseil de cette ville dut envoyer, à Paris, une nouvelle députation, à laquelle on déclara catégoriquement qu'il était temps de mettre un terme à des hésitations qui ne pouvaient plus que retarder au détriment de tous, un événement désormais inévitable; on promit en outre à ses membres, au cas où la réunion serait consentie, de grands avantages pour leur cité.

Sur un rapport de Josué et Jean Hofer, lu, le 3 janvier 1798, au Grand-conseil et au Quarante réunis, quatre-vingt-dix-sept voix contre cinq se prononcèrent pour la réunion. Le 28 janvier 1798 Josué Hofer signe avec son frère Jean, Jacques Kœchlin, Sébastien Spœrlein et Jean-Ulric Metzger, de Colmar, le *Traité de réunion de la République de*

Mulhouse à la République française. Josué Hofer mourut encore la même année.

Son frère, Jean Hofer, né à Mulhouse, fut bourgmestre de cette ville et médecin distingué.

SOURCES. — Ch. de Lasablière. *Notice historique sur la ville de Mulhouse*. — Michaud. *Biographie universelle, ancienne et moderne*, T. 20. — Auguste Stœber. *Deux voyages dans une partie de la Haute-Alsace, 1774-1784*. (*Bulletin du Musée historique de Mulhouse*, 1880, p. 34.) — Ed. Dollfus, T. I, p. 65. — Photographie d'après une gravure de J.-R. Holzhalb, Zurich, 1781.

RAPP, Jean (Comte)

RAPP, Jean (COMTE)

GÉNÉRAL, né à Colmar le 27 avril 1771. Entraîné, à seize ans, hors de la maison paternelle, par une sorte d'instinct pour les armes, il s'engagea dans le 10ᵉ régiment de chasseurs à cheval. Parvenu au grade de lieutenant et s'étant fait remarquer par Desaix, il devint l'aide-de-camp du vainqueur d'Offenbourg, fit auprès de lui les campagnes de 1796 et 1797, et acquit une certaine connaissance de la théorie de la guerre. Il suivit Desaix en Egypte. A Sediman, ayant enlevé, à la tête de deux cents braves, les restes de l'artillerie des Turcs, il fut promu au grade de chef d'escadron, et successivement à celui de colonel, sur les ruines de Thèbes, où il fut grièvement blessé. Le chevaleresque Mouradbey, enchanté de Rapp, qui avait une mission à remplir auprès de lui, fit cadeau, au jeune colmarien, de deux beaux sabres damasquinés. Revenu en Europe avec Desaix, il le suivit à Marengo; et il était à ses côtés quand ce général fut tué, au moment où il décidait la victoire. Buonaparte, qui avait remarqué le zèle, la franchise et l'intrépidité de Rapp, se l'attacha comme aide-de-camp. Pendant le consulat, il fut chargé d'une mission à la fois diplomatique et stratégique en Suisse, et il s'en acquitta au grand contentement du premier consul, qu'il accompagna en 1803 dans son voyage en Belgique. Rapp partit de là pour s'assurer de l'état des bords de l'Elbe, afin d'y élever des redoutes. A son retour il tomba en disgrâce, pour avoir écrit, au général Regnier, une lettre où il s'expliquait librement sur Buonaparte, lettre dont ce dernier eut connaissance : mais Rapp rentra bientôt dans ses bonnes grâces, épousa, par son ordre, la fille du fournisseur Vanderberg ; ce mariage ne fut pas heureux.

Rapp était au camp de Boulogne quand la troisième guerre d'Autriche éclata ; et il suivit Buonaparte en Allemagne. A la journée d'Austerlitz, la cavalerie russe était au milieu de nos carrés : Buonaparte ordonne à Rapp de se porter en avant ; celui-ci part au galop, et se précipite, avec les Mamelucks, deux escadrons de chasseurs, un escadron de la garde, sur l'artillerie russe qui est enlevée, puis sur la garde impériale qui est mise en déroute : Rapp fait de sa propre main le prince Repnin prisonnier, et vient rendre compte à son chef du succès remporté. Son sabre à moitié cassé, sa blessure, le sang dont il était couvert, inspirèrent à Buonaparte l'idée du beau tableau qui fut exécuté par Gérard. Napoléon éleva son aide-de-camp, sur le champ de bataille, au grade de général de division, et il l'envoya au château d'Austerlitz, pour soigner ses blessures ; il lui fit même plusieurs visites. A peine guéri il est chargé de plusieurs missions de confiance. Peu de temps avant la guerre contre la Prusse, Rapp fut chargé du commandement militaire de Strasbourg, et rejoignit le chef de l'Etat à Wurtzbourg. Le soir de la bataille d'Iéna, il reçut l'ordre d'aller, avec Murat, poursuivre les débris de l'armée prussienne, puis il suivit son chef en Pologne. Le 29 octobre 1806, il eut, à Golymin, le bras gauche fracassé ; après avoir été pansé par les chirurgiens de l'empereur il reçut le gouvernement de Thorn pour se rétablir. Le 2 juin 1807, il fut installé gouverneur de Dantzig, avec le rang de général en chef.

Rapp reçut, en 1809, l'injonction de rejoindre l'armée à Landshut : il trouva Buonaparte qui venait de remporter la victoire de Ratisbonne. A la bataille d'Esslingen, il vola au secours de l'armée, à la tête de deux bataillons de la jeune garde, et défendit Esslingen, malgré les instructions formelles de son maître, qui lui en sut gré. Trois jours avant la bataille de Wagram, accompagnant l'empereur à l'île de Lobau, il versa, eut une épaule démise et trois côtes fracassées. Remis de cette chute, il suivit le chef de l'empire à Munich, où le roi de Bavière lui témoigna la plus grande considération ; de là passant à la cour de Stuttgart, il y fut traité avec magnificence par le roi de Wurtemberg. De retour à Paris, Rapp fut désigné pour assister à la cérémonie du mariage de Napoléon avec l'archiduchesse Marie-Louise. S'étant permis quelques réflexions sur le divorce de Joséphine, et n'ayant pas dissimulé son attachement pour elle, il reçut l'ordre d'aller reprendre le gouvernement de Dantzig, où il arriva le 10 juin 1810.

En 1812 il vint retrouver Buonaparte près de Smolensk, et ne le quitta plus jusqu'à la Mojaïsk. A la bataille de la Moscowa, Rapp reçut d'abord trois blessures légères ; mais bientôt un biscaïen, l'ayant frappé à la hanche gauche, le jeta à bas de son cheval ; c'était sa vingt-deuxième blessure. Transporté à Moscou, le progrès des flammes le força d'errer de logement en logement, et le 13 octobre commençant à marcher, il parut au Kremlin, où Buonaparte, lui témoigna beaucoup d'intérêt. Le 19, la retraite étant résolue, Rapp suivit Napoléon à Borusk, où l'on arriva le quatrième jour. Le lendemain du combat de Malojaroslawitz, au moment où l'empereur faillit être enlevé par une nuée de cosaques, ce fut Rapp qui soutint le choc à la tête de l'escadron de service. Son cheval reçut un coup de lance, et se renversa sur lui ; il fut foulé aux pieds par les cosaques : mais son chevaleresque aide-de-camp, Guillaume de Turckheim, et Bessières vinrent le dégager, on le remit en selle, et il rejoignit Napoléon, qui le combla d'éloges dans son bulletin. Rapp traversa la Bérésina avec son maître, se rendant sur Wilna. A Smorgoni, Buonaparte lui confia qu'il allait quitter l'armée, et lui ordonna de retourner à Dantzig, pour en reprendre le commandement. Voulant partir sans délai pour cette ville, Rapp loua deux juifs qui le conduisirent jusqu'au Niémen. Il arriva souffrant horriblement à Dantzig, où, pendant le siège, Rapp reçut le grand cordon de l'ordre de la Réunion, et l'autorisation de faire des promotions et de conférer des grades. Tout ce qui pouvait prolonger la défense de Dantzig fut tenté, mais le 29 novembre 1813, on arrêta les bases d'une capitulation, où la faculté de rentrer en France fut stipulée. Les forts étaient rendus et une partie des conventions exécutée, quand on apprit que l'empereur Alexandre refusait la ratification. Les alliés réglèrent les choses comme ils l'entendaient, et la vaillante garnison de Dantzig fut conduite à Kiew, où Rapp apprit les événements de la restauration. C'est au moment où il apprit la non ratification de l'empereur Alexandre après qu'une partie des conventions était déjà exécutée que Rapp prononça les mots inscrits sur le piédestal du monument que lui a élevé sa ville natale, en 1856 : « ... Ma parole est sacrée ! ... »

De retour à Paris, au mois de juillet, il y fut accueilli avec distinction par Louis XVIII, qui le créa chevalier de Saint-Louis et grand cordon de la Légion d'honneur. Rapp fut chargé du commandement du premier corps d'armée, pour s'opposer au retour de Buonaparte, en mars 1815; mais la défection des troupes et la rapidité de la marche de ce dernier, ne permirent aucune défense. Celui-ci après avoir cajolé Rapp, lui donna le commandement en chef de l'armée du Rhin, et lui conféra le grand-aigle de la Légion d'honneur. La guerre contre l'Europe étant de nouveau inévitable, Rapp alla occuper les lignes de la Lauter, mais, le 21 juin, il fut débordé par soixante mille hommes, sous les ordres du prince royal. Après avoir soutenu plusieurs combats, Rapp se replia sur Strasbourg. Pendant qu'il était assiégé dans cette place, une convention fut conclue, et les hostilités cessèrent dans toute l'Alsace : on y reconnut Louis XVIII. A peine Rapp eut-il reçu l'ordre de licencier l'armée, qu'une sédition éclata. Les troupes mirent leurs chefs en arrestation, et exigèrent qu'on payât leur solde arriérée. La fermeté de Rapp échoua devant une mutinerie qui eut un caractère particulier d'ordre et de méthode. Il écrivit au roi, et ne fut pas inquiété, pourtant il crut devoir se retirer en Suisse. Il revint à Paris, après l'ordonnance du 5 septembre, et obtint du roi une audience particulière. Devenu membre de la Chambre des pairs, en 1818, ce ne fut pas pour lui le seul témoignage de la faveur royale. Mais sa santé était fortement compromise par le grand nombre de blessures qu'il avait reçues et il mourut le 2 novembre 1821.

On a publié sous son nom après sa mort des *Mémoires* qui sont apocryphes, mais qui paraissent avoir été rédigés d'après des notes fournies par les amis du général.

ANT. MEYER, PHOTOG. COLMAR   DÉPOSÉ

Baron de HEECKEREN, Georges-Charles-d'Anthès

Georges-Charles d'ANTHÈS
Baron de HEECKEREN

ÉNATEUR et ancien représentant du peuple, est né à Colmar, le 5 février 1812. Fils d'un riche propriétaire du nom d'Anthès et neveu, par sa mère, du prince de Hatzfeld, il entra, en 1830, au service de la Russie, et reçut, deux ans plus tard, un brevet de capitaine dans la garde impériale à cheval. Peu de temps après avoir été adopté par le chargé d'affaires de la Hollande à Saint-Pétersbourg, M. de Heeckeren, dont il a pris depuis le nom, il épousa la sœur d'Alexandre Pouchkine, puis porta à l'honneur du grand poëte russe une atteinte dont celui-ci voulut obtenir la réparation par un duel. Pouchkine fut tué (10 février 1837), et son beau-frère dut s'éloigner en toute hâte pour échapper à la vengeance du peuple.

De retour en France, M. de Heeckeren vécut plusieurs années à l'écart. Il faisait partie du Conseil général du Haut-Rhin, dont il fut souvent président, lorsqu'en 1846 il se porta sans succès candidat à la députation contre M. de Golbéry. Sous la République, il fut élu par son département représentant du peuple aux Assemblées constituante et législative : il vota avec la droite dans la première et, dans la seconde, avec la majorité, tout en soutenant la politique particulière de l'Elysée. Le 1er décembre 1851, il se présenta au palais de l'Elysée, demandant à entretenir le président de la République d'une affaire de la plus haute importance; admis aussitôt en sa présence, M. de Heeckeren lui aurait déclaré qu'il venait, au nom de M. de Falloux et d'un grand nombre de membres du parti légitimiste, lui proposer de reconstituer ensemble le royaume. Louis Bonaparte, se montrant très touché de cette offre de concours, répondit que la communication méritait réflexion et retint M. de Heeckeren à dîner. Cette communication précédait de quelques heures seulement l'exécution des premières mesures du coup d'Etat.

Membre de la Commission consultative en 1851, il fut chargé, l'année suivante, d'une mission extraordinaire auprès de l'empereur de Russie et nommé sénateur le 25 mars 1852. Il fut aussi membre de la commission chargée, en 1863, de fixer les bases de la répartition des fonds centralisés au Trésor en faveur des ouvriers sans travail, entre les départements où l'industrie était en souffrance. Le baron de Heeckeren a été promu officier de la Légion d'honneur le 12 août 1863 et commandeur le 14 août 1868.

Son fils, M. le baron Georges de Heeckeren, vient d'épouser à Oberkirch (Bade) Mademoiselle de Schauenburg. La bénédiction nuptiale a été donnée par Mgr. Ræss, évêque de Strasbourg.

SOURCES. — Taxile Delord. *Histoire illustrée du second Empire.* — Vapereau. *Dictionnaire des contemporains*, 5ᵉ édit. — Photographie d'après la lithographie d'un dessin de Lafosse.

ANT. MEYER, PHOTOG. COLMAR — DÉPOSÉ

HIRN, Jean-Georges

HIRN, JEAN-GEORGES

PEINTRE.

J. G. HIRN était né à Mulhouse, le 15 décembre 1777, de parents honorables, mais peu riches, qui le laissèrent orphelin, dès l'âge de 5 ans. Une vocation très décidée pour les Arts du dessin s'étant manifestée en lui, de bonne heure, il fut confié aux soins d'un professeur, nommé Lambert, parent de l'astronome de ce nom. Bientôt il put se rendre utile à l'un de ses oncles, qui possédait une petite fabrique à Constance. Il resta six ans dans cet établissement. Il était âgé de quinze ans environ, lorsqu'il entra comme dessinateur dans la Maison Haussmann, au Logelbach, près Colmar. Il ne tarda pas à s'y faire remarquer par une imagination des plus fécondes, et par une facilité d'exécution qui tenait du prodige. Une vive passion que lui inspira Mlle Louise Haussmann, le fit redoubler d'efforts; son talent grandit à tel point, et inspira tant de confiance, qu'on n'hésita pas à lui accorder la main de celle qu'il aimait, et à l'associer à la Maison dans laquelle il était entré sans autre richesse que son intelligence.

Il est de notoriété publique, que la beauté de ses dessins et plusieurs perfectionnements par lui introduits dans les procédés de fabrication en usage à cette époque, ont contribué, plus que toute autre chose, à la renommée de la Maison Haussmann. Il est le premier qui ait appliqué la lithographie à l'impression sur la soie et sur la laine. Mais ce qui fait que le nom de Hirn ne sera point périssable comme celui de beaucoup d'hommes utiles, mais obscurs, qui ont suivi la même carrière, c'est qu'il fut, de plus, un très grand artiste. Sans maîtres, sans conseils, sans avoir sous la main de tableaux qu'il pût étudier, au milieu de ces combinaisons de lignes et de couleurs qui constituent les dessins de fabrique (genre tout spécial, qui a son mérite, mais enfin qui n'est pas de l'art, et qui, le plus souvent, en étouffe le sentiment) il sut trouver dans son imagination assez de fraîcheur pour rêver une peinture plus élevée, dans sa volonté assez de force pour surmonter tous les obstacles, assez de temps pour produire une série d'œuvres des plus remarquables. Ses premiers essais dans la peinture à l'huile remontent, on le croit, à l'époque de 1808; et déjà, en 1812, l'Empereur parcourant à grands pas les galeries du Louvre, s'arrêta devant un tableau de fruits et de fleurs. « Qui a fait cela? » demanda-t-il. On lui nomma Hirn, de Colmar. Aussitôt, il lui fit décerner une médaille d'or. — Mais le talent de Hirn n'était alors qu'à son enfance : depuis, il s'est élevé à la hauteur des grands maîtres.

Les fleurs et les fruits, c'était là son genre. L'admirable bon sens qui fut un des traits distinctifs de son esprit, le mit en garde contre les pièges que l'ambition et la vanité tendent si souvent aux amateurs. Il comprit d'abord que la peinture historique et le paysage demandent de longues études auxquelles il n'avait pas le temps de se livrer; et résolu à ne rien faire de médiocre, poussé par une voix qui lui disait : « Tu seras un grand peintre », et qui ne l'a point trompé, il prit sagement ses modèles près de lui, sous sa fenêtre, dans son jardin, où il pouvait les étudier à chaque instant. Interrompu dans son travail, vingt fois par jour, il y revenait avec une infatigable persévérance, et parvint ainsi à réaliser une suite de plus de soixante tableaux dans lesquels on ne découvrirait pas la moindre trace de tiédeur ou de lassitude.

La parole ne saurait faire comprendre à ceux qui ne les ont point vus, ce qu'il y a de charme et de poésie dans les ouvrages de Hirn. Ces fleurs fraîches et humides de rosée, ces fruits appétissants, le velours des pêches, le duvet azuré de la prune, la transparence du raisin jauni par le soleil, la lumière éclatante qui se joue sur tous ces objets, l'air qui circule là-dedans, le fini de chaque détail, la grâce, l'ampleur, l'élégance des masses, en font une chose ravissante à voir. Les teintes les plus vives sont jetées sur la toile avec une audace qui étonne; mais la disposition générale est si savante, les *dissonances* des couleurs sont si heureusement sauvées, qu'il en résulte l'ensemble le plus harmonieux. A deux pas, comme à vingt pas, c'est admirable.

L'homme, dans Hirn, était un noble complément de l'artiste. Il aimait passionnément deux choses au monde : son art et sa famille. Il détestait les diseurs de riens et les faiseurs de révérences, et rien ne pouvait l'empêcher de leur témoigner l'aversion qu'ils lui inspiraient. Cette franchise, rare de nos jours, est respectable, quelque part qu'on la rencontre; mais elle double de prix, quand elle est jointe à un talent du premier ordre.

Affecté depuis longtemps d'un anévrisme au cœur, il s'endormit paisiblement le 8 avril 1839, au soir. Le lendemain, on le trouva mort dans son lit. Le cœur s'était rompu pendant son sommeil.

R.-A. Richard.
1839.

ANT. MEYER, PHOTOG. COLMAR   DÉPOSÉ

BILLING, Sigismond

BILLING, Sigismond

L E nom de Billing est intimement lié à l'une des institutions les plus curieuses de l'ancien Colmar, je veux dire son *gymnase évangélique* fondé en 1604 et balayé, en 1794, par la tourmente révolutionnaire. L'enseignement y était confié à six maîtres, dont trois laïques et trois candidats en théologie; ces derniers, chargés des classes supérieures, enseignaient outre l'allemand et le français, le latin, l'histoire, la géographie. A la base de tout l'édifice se trouvait une solide éducation morale et religieuse. L'instruction qu'on y donnait, savamment graduée, servait à faire d'une partie des élèves des citoyens éclairés et laborieux, et à développer chez les autres le désir de faire des études proprement dites. Le plus digne des candidats en théologie était chargé, avec le titre de recteur, de la direction de l'institution.

Sigismond Billing fut investi, en 1774, de ces importantes fonctions et s'acquitta à merveille de sa tâche peu facile. Par son père, honnête bourgeois de Colmar, il descendait d'un Suédois des armées de Gustave-Adolphe, venu en Alsace avec le Rhingrave Otto. Né le 21 septembre 1742, il étudia la théologie à Tubingue; exerça le saint ministère dans le comté de Horbourg, fief qui relevait de la principauté de Montbéliard, et échangea, en 1789, ses fonctions de recteur contre celles de pasteur à Colmar qu'il conserva jusqu'à sa mort, en 1796. Billing rendit à la bonne littérature des services signalés. Non-seulement il classa de nombreux et importants documents à la bibliothèque de la ville, mais il publia, en 1776 et 1777, une feuille hebdomadaire en langue allemande, aujourd'hui presque introuvable, le *Patriote alsacien* dont le but était de faire connaître et apprécier, sous toutes ses faces, sa chère Alsace. Il publia, en outre, une géographie historique de la province : *Geschichte und Beschreibung des Elsasses* (Basel, 1782), et une nouvelle édition du recueil des hymnes religieux servant au culte de la communauté protestante (1781). Plusieurs manuscrits qu'ils laissa tombèrent entre les mains de M. I. Ch. et passèrent, de là, à la bibliothèque de la ville. M. Rathgeber en a publié une partie (*Colmar und die Schreckenszeit*), en 1873.

Pendant la terreur, Billing déploya de si éminentes vertus, qu'il échappa aux proscriptions, malgré son ardeur à protéger ceux qui en étaient atteints. Le temple protestant ayant été converti en un magasin à fourrages, il ne cessa, de concert avec ses collègues, de réunir tous les dimanches ses paroissiens dans un grenier pour les exhorter à la pratique des vertus chrétiennes. Joignant l'exemple à la théorie, il donna, dit-on, pendant neuf mois, au péril de ses jours, l'hospitalité à l'un de ses concitoyens catholiques, le curé Reech (v. *les Billing*, p. 5). C'est également le biographe que nous venons de citer qui affirme avoir entendu raconter par l'illustre aveugle Pfeffel, ami de Billing, que, alors qu'il se promenait un jour avec Billing aux environs de Colmar, celui-ci tout à coup avait refusé d'avancer, retenu, disait-il, par une force invisible. On opéra des fouilles à l'endroit fatal et on y trouva un squelette humain. Quoiqu'il en soit, que Billing ait joui ou non du don de seconde vue, il est certain qu'en lui Colmar perdit, dans toute l'acception du mot, un homme de bien.

L'aîné de ses fils, Sigismond, né en 1773, fut non-seulement un brave soldat, mais encore un fier caractère. Il assista, en qualité de commissaire des guerres, à la bataille de Nerwinden, puis aux siéges de Dunkerque, Maubeuge et Landau. Nommé en 1813 lieutenant-colonel et, en 1815, colonel de la 3e légion de la garde nationale de Paris, il participa aux événements qui accompagnèrent la chute de l'Empire et les deux Restaurations. Dans la nuit critique où furent jugés les ministres de Charles X, il commandait l'état-major général. Il mourut au mois de septembre 1832, après avoir été longtemps l'un des membres les plus zélés du consistoire de l'Eglise de la Confession d'Augsbourg à Paris. — Sigismond Billing, troisième du nom, fournit une brillante carrière diplomatique. A son entrée dans cette carrière, le général Rapp lui remit une épée avec ces mots gravés sur la lame : « Le général comte Rapp, à Sigismond-Adolphe Billing, petit-fils du vénérable recteur du gymnase de Colmar. »

SOURCES. — *Les Billing*. Lu à la séance du cercle littéraire de Colmar, le 1er avril 1850. Par J B. K., 14 p., gr. in-8º. — *Notice biographique sur M. Sig. Billing*. Mulhouse, sans date. — *La France protestante*. 2º édit. Paris, 1880. Article Billing. — Rathgeber. *Colmar und die Schreckenszeit*. Ein Tagebuch und Aktenstücke aus den Revolutionsjahren 1789-1796. Stuttg., 1873, 116 p., in-8'.

ANT. MEYER, PHOTOG. COLMAR					DÉPOSÉ

SCHEURER-KESTNER, Auguste

SCHEURER-KESTNER, Auguste

SÉNATEUR, né le 11 février 1833, à Mulhouse, où son père faisait déjà partie de ces fabricants d'impressions sur tissus, qui ont tant aidé à faire connaître au loin le nom de sa ville natale. Il fit ses premières études au Gymnase de Strasbourg, puis en 1852 et 1853 à Paris, où il fut élève de M. Würtz à l'Ecole de médecine.

En 1856, il épousa l'une des filles d'un important fabricant de produits chimiques, M. Charles Kestner, qui lui confia la direction technique de son établissement de Thann et dont il devint quelques années plus tard l'un des successeurs.

Devenu, bien jeune encore, un des grands industriels d'Alsace, M. Scheurer-Kestner ne permit pas à ses occupations techniques et administratives de l'enlever complètement à la science. Ses relations avec une foule de savants l'engagèrent autant que ses goûts à rester un savant en même temps qu'un homme pratique et à mener de front les études et les recherches théoriques avec leurs applications industrielles. Ses travaux scientifiques ne pouvaient que lui permettre de faire faire de grands progrès à l'industrie des produits chimiques à laquelle il s'était voué, aussi n'est-on pas étonné de voir à quel degré de prospérité et de réputation il a su amener l'établissement de Thann.

M. Scheurer-Kestner a fait de bonne heure partie de cette phalange d'industriels alsaciens qui ont consacré la solidarité des patrons avec leurs ouvriers par la création de caisses de secours et de caisses de retraite. Poussant plus loin ses désirs d'expériences sur l'association des travailleurs, il a voulu qu'ils fussent admis à participer aux bénéfices et a pu réaliser ce programme dans l'usine de Thann où ces essais se continuent avec un plein succès.

Puis en 1866 il fondait une société coopérative de consommation, absolument indépendante de l'établissement lui-même, où les ouvriers font eux-mêmes sur leurs consommations les bénéfices que feraient des magasins bien administrés. Cette institution n'a pas cessé d'être en pleine prospérité.

La vie politique a été en quelque sorte imposée à M. Scheurer-Kestner par les événements. Les idées républicaines lui avaient été du reste inspirées par sa famille, au milieu de cet esprit de dignité qui fait de Mulhouse et de ses environs le centre de la réaction contre tout ce qui peut ressembler à de la servilité. Les aspirations qu'il devait à sa naissance, il les avait trouvées tout aussi vives dans la famille de sa femme. Son beau-père, M. Charles Kestner, ancien représentant du peuple en 1848, que le coup d'Etat avait forcé à se réfugier en Belgique, ne lui imposait pas seulement des traditions d'honnêteté commerciale et de travail, mais encore d'inflexibilité dans les principes, de droiture politique et de démocratie intelligente. Beau-frère du colonel Charras, dont le nom dispense de tout commentaire, il se trouvait dans le milieu qui convenait le mieux à ses opinions politiques. Aussi, républicain ardent, plus encore peut-être par conviction et par raisonnement que par les traditions de sa famille, cependant si républicaine, il combattit toujours l'empire, auquel il reprochait ses tendances aussi bien que son origine.

Il ne pouvait pas être regardé comme un ennemi à dédaigner par l'Empire, qui n'eut rien de plus pressé que de le faire entrer dans la catégorie de ceux que la fameuse loi de sûreté générale lui permettait de faire déporter sans jugement. Arrêté, en 1862, il était arbitrairement détenu pendant un mois dans la prison de Mazas, puis condamné à trois mois de prison pour *intelligence à l'intérieur*, malgré l'éloquente défense présentée par M. Grévy, aujourd'hui président de la République.

En 1863 et dans les années suivantes, malgré le danger dont s'alarmaient sa famille et ses amis, M. Scheurer-Kestner n'hésita pas à publier toute une série de révélations sur la manière dont était sauvegardé le secret des lettres sous l'Empire. Il démontra dans les journaux le *Temps* et le *Réveil* l'existence d'un cabinet noir auquel il attacha le nom de « Bureau de retard ».

Après les événements de 1870, il crut de son devoir d'offrir ses services au gouvernement de la défense nationale dont les efforts et la persistance dans la lutte seront l'éternel honneur de la France. Nommé directeur de l'établissement pyrotechnique de Cette, il sut, malgré les difficultés de toute nature qu'il rencontra, y créer une véritable industrie à la tête de laquelle il resta jusqu'à la conclusion de la paix.

Le 8 février 1871, les électeurs du département du Haut-Rhin l'élurent leur représentant par 58,000 voix. A l'assemblée nationale de Bordeaux il siégea à l'extrême gauche et ne se retira qu'après la conclusion de la paix, en même temps que ses collègues de l'Alsace et de la Lorraine, après avoir signé avec eux l'admirable protestation où leurs noms se trouvent mêlés à ceux des plus grands patriotes français.

Il ne devait pas rester longtemps au dehors de la vie politique. Le 2 juillet 1871 il était élu représentant de la Seine par 108,038 voix sur 290,823 votants, et se retrouvait membre de l'Assemblée nationale. Le 16 décembre 1875 cette Assemblée le nomma sénateur inamovible, et il fut l'un des secrétaires du Sénat jusqu'en 1879.

Comme à l'Assemblée nationale, M. Scheurer-Kestner s'est fait inscrire au Sénat dans le groupe de l'Union républicaine.

En 1879 il accepta la direction politique du journal la *République française* qu'il conserva jusqu'en 1882.

M. Scheurer-Kestner est toujours profondément attaché à l'Alsace, où il compte tant de chauds amis et aucun de ceux qui le connaissent, n'a été surpris de l'indignation avec laquelle il s'est élancé, il y a peu de temps, à la tribune du Sénat, pour protester contre les allégations qui lui paraissaient une injure au patriotisme des Alsaciens, forcés de subir le joug étranger, mais n'en sentant que plus vivement battre leur cœur à tous les efforts que fait la France pour achever son relèvement.

Il est resté membre du Conseil supérieur du commerce et de l'industrie; du Conseil supérieur des prisons, ainsi que de la Société chimique de Paris, dont il a été vice-président.

Une médaille d'or lui a été décernée par la Société industrielle de Mulhouse pour ses travaux sur la combustion de la houille; et le grand prix lui a été décerné à l'Exposition universelle de 1878 pour ses travaux scientifiques appliqués à l'industrie.

M. Scheurer-Kestner a publié un grand nombre de mémoires dans les *Annales de chimie et de physique*; les *Comptes-rendus de l'académie des sciences*, les *Bulletins de la Société chimique* et les *Bulletins de la Société industrielle de Mulhouse*. Il collabora également au *Dictionnaire de chimie* de M. Würtz.

SOURCES. Pierre et Paul. *Les hommes d'aujourd'hui*. Dessins de Demare, 4e année, n° 188. — Vapereau. *Dictionnaire des contemporains*. 5e édition. — Portrait d'après une photographie.

ANT. MEYER, PHOTOG. COLMAR   DÉPOSÉ

RICHARD, ALEXANDRE-RICHARD

RICHARD, ALEXANDRE-RICHARD

A.-R. RICHARD était né à Ribeauvillé le 19 octobre 1804. Il fit ses premières études à Colmar où son père, d'abord médecin à Ribeauvillé, était venu s'établir en 1806. Devant embrasser la carrière de son père, il fit ses études médicales à Strasbourg, où il fut reçu docteur en 1827, et puis alla travailler trois années (1828-31) à Paris. En 1842, il succéda à son père dans les modestes fonctions de médecin des prisons, auxquelles plus tard il réunit celles, beaucoup plus méritantes encore peut-être, de médecin des pauvres. Richard remplit avec abnégation et dévouement ces devoirs d'une vie utile, qui n'a pas de rémunération en ce monde; mais ce n'est pas de cette partie de l'existence de Richard que nous voulons parler ici. C'est au savant, à l'esprit éclairé et orné, à l'artiste distingué, qu'il nous appartient de donner quelques souvenirs.

Ce fut une grande et belle intelligence, que Richard; ce fut un artiste de foi et de talent. Ce fut aussi une âme foncièrement honnête, ayant le sentiment correct et inflexible de tout ce qui est juste et bien : toujours prêt à tendre la main à la créature souffrante. Il pensait fermement que tout n'est pas fini par l'accomplissement des devoirs vulgaires; il pensait fermement que Dieu n'a pas départi l'âme à la créature pour les seuls et périssables intérêts de la terre, mais pour la cultiver, pour la parer, afin de la rendre plus belle et digne de lui.

Il nous souvient que peu de jours avant sa mort, nous lui entendions exprimer avec sa voix sympathique, avec cette ardeur de pensée si lucide et si pénétrante, toute une théorie sur l'immortalité, où l'âme éclairée du chrétien éclatait avec foi; on aurait dit son testament, et comme Béatrix, il s'écriait : « La suprême Bonté créa directement notre âme, et la remplit d'un amour qui ne peut finir. »

La grande aptitude, la vocation de Richard était la musique. Une science parfaite de la composition, une érudition considérable que servait à souhait, et à point nommé, une mémoire prodigieuse, mais avant tout le goût exquis et sûr, telles étaient les qualités de ce musicien consommé. La critique, toujours juste, toujours fine, éclairait merveilleusement les œuvres des grands compositeurs. Fidèle aux grandes traditions de l'Art, il n'accordait aucune merci à la médiocrité. Avec quel enthousiasme et quelle clarté il analysait et *savait peindre*, en quelque sorte, la beauté des symphonies du plus grand des génies, œuvres immenses qui alors (1829-30) avaient fait leur première apparition au Conservatoire de Paris! Avec quelle persévérance et quelle patience admirables il savait se servir d'exécutants ordinaires, parfois rebelles à tout sentiment correct, pour arriver à des résultats inespérés. Grâce à lui, Colmar est l'une des villes rares, uniques peut-être, de province, où l'on ait entendu rendre, d'une manière en tous cas fort intelligible, les quatuors dits de la *troisième manière* de Beethoven, que n'abordent que bien rarement les virtuoses attitrés et que d'aucuns feraient peut-être sagement de ne jamais aborder. A Paris, comme étudiant, Richard s'était lié avec de grands maîtres; Berlioz, Reber, Spontini, Habeneck..... avaient deviné la valeur de cette âme d'artiste. Seghers, l'un des premiers professeurs du Conservatoire à cette époque, disait un jour à l'un de nous, devenu son élève : « Sans doute Richard n'est point un virtuose dans le sens habituel du mot; mais il n'en est pas moins vrai que depuis qu'il nous a quittés, je n'ai pu encore le remplacer dans notre quatuor d'instruments à cordes ! » — Il est impossible de caractériser en moins de mots le sens musical d'un artiste. Rappelons que l'époque où Richard se trouvait dans ce milieu, alors si animé, des grands artistes de Paris, était précisément celle où l'incomparable quatuor des frères Bohrer faisait connaître ces dernières œuvres de Beethoven, dans lesquelles le génie semble s'être complètement détaché des entraves de cette terre. Devant un juge aussi sévère que Seghers, le quatuor des Bohrer était un point de comparaison terrible pour les médiocrités. — Richard a laissé quelques œuvres qu'il n'a été donné qu'à un petit nombre d'élus d'entendre, mais qui justifient pleinement l'autorité qu'avait su conquérir l'artiste, auquel il n'avait manqué, hélas ! qu'une autre scène, qu'une carrière librement choisie !

Telle était l'une des faces de l'intelligence de Richard; mais ce n'était pas la seule par laquelle il fut supérieur.

Quelles immenses connaissances d'Histoire et de Littérature il possédait ! Comme il s'était approprié en quelque sorte notre Alsace ! C'est là qu'il concentrait toute la chaleur de sa pensée; et pour lui l'histoire de son pays, de ses antiquités, de ses mœurs, était un véritable culte. Nul n'apportait plus d'enthousiasme juvénile dans les souvenirs qui font notre orgueil, et auxquels il a voulu un instant consacrer un grand travail, travail qui malheureusement a été à peine commencé et qui s'est trouvé enrayé par suite de l'ignorance bien pardonnable chez l'auteur, quant aux conditions toutes matérielles qui pèsent sur l'exécution typographique d'une œuvre de longue haleine. Il suffit de lire les quelques pages d'introduction de ce travail, pour apercevoir de suite les grands traits du véritable écrivain et du penseur qui nous destinait une histoire d'Alsace.

Richard a laissé d'innombrables matériaux précieux dans ce domaine. Mais, disons-le, que sont pour ceux qui ont eu le bonheur de le connaître de près, que sont ces incontestables richesses à côté du trésor des entretiens de l'homme de goût, où brillait la verve toute rabelaisienne du spirituel causeur! Comme chez quelques natures d'élite plus particulièrement expansives, les talents de Richard savaient se traduire surtout par la parole. Heureux ceux qui ont participé à ces leçons intimes, où l'âme du maître toute entière, avec ses qualités brillantes, rayonnait si vivement.

Richard était un conseiller sûr, un critique précieux, pour ceux qui venaient lui soumettre leurs premiers essais, sur le domaine de l'art, de la littérature et même de la science. Affranchi de toutes les formules, de toutes les conventions, il savait inspirer la courage aux timides, il savait réprimer l'exubérance de ceux qui n'ont pas encore appris à se contenir; mais il était impitoyable pour celui dont la vanité était le seul mobile. Incapable du plus léger mouvement de jalousie, il se réjouissait autant, et plus, de voir un ami produire une œuvre originale que s'il en eût été lui-même l'auteur.

Richard a été rappelé de ce monde dans toute la force de l'âge, le 11 avril 1858. Il avait porté haut l'indépendance de la pensée et avait toujours su la respecter chez autrui. Ce fut une nature d'élite.

DEUX AMIS.
15 Avril 1858.
11 Avril 1883.

ŒUVRES LITTÉRAIRES

1827. *Tradition du Temps Passé*, par Veit-Weber (G. P. Wæchter), traduit de l'Allemand par R.-A. Richard.
1829. *Paris*. Jules Lefèbre et Cie, éditeurs.
1830. *Traduction des Œuvres de E.-T.-A. Hoffmann;* en collaboration de Th. Toussenel, J. Lefèbre et Cie, éditeurs.
1835. I. *Prospectus de l'Histoire d'Alsace.*
1836. II.   id.   id.
1841. *Monuments historiques de l'Alsace*, cinq lettres publiées dans le *Glaneur* de Colmar.
1842. *Histoire d'une veuve de Colmar et ses quatre galants*, dédiée à son ami David Ortlieb, le grand peintre alsacien.
1846. *Note sur la vérification des décès* avec plans d'une chapelle mortuaire par feu Ch. Geiger, architecte. Déposé à la Mairie de Colmar en 1882.
1850. 1er *Article sur le Pfingstmontag* (Revue d'Alsace).
1851. *Chansons satyriques et chansons populaires*, en patois colmarien.
1854. *L'Etat actuel des eaux minérales de la chaîne des Vosges, et leur avenir possible.* Colmar, imprimerie Hoffmann.
1858. *La Kaisersburg d'Alsace.* Récit du treizième siècle, par R.-A. Richard, docteur en médecine, publié à Strasbourg, typographie G. Silbermann.
1875. *Notes manuscrites,* déposées à la bibliothèque de Colmar.

1er carton	{ Kaisersberg n° 702.	
	{ Ribeaupierre.	
2e	id.	Notes historiques nos 704-706.
3e	id.	Histoire de Colmar n° 703
4e	id.	Notes biographiques n° 705.

ŒUVRES MUSICALES

1840. N° 1. *Prière d'un Epicurien*, écrite aux catacombes, par Béranger, musique de R.-A. Richard. — A quatre voix et flûte, clarinette, violoncelle, dédiée à son ami Alexandre Koch.
1839. N° 2. *Larghetto.* — Pour piano et cinq instruments à cordes. N° 3. *Sérénade*, même morceau que le Larghetto, instrumenté de nouveau pour dix instruments.
1845. N° 4. *La chanson du fou.* (Adagio, la Chanson du fou, Scherzo.) Paroles de V. Hugo (Cromwell IV). Musique de R.-A. Richard : Piano et douze instruments à vent et à cordes. — Une voix de ténor.
1846. N° 5. *Allegro moderato*, en mi mineur pour les mêmes instruments que le morceau précédent, excepté la voix.
1850. N° 6. *Clair de Lune.* Orientale de V. Hugo. Musique de R.-A. Richard, dédiée à Hector Berlioz. Contralto, piano et douze instruments à cordes et à vent.

Photographie d'après un dessin de M. A. Koch.

STRUCH, Antoine

STRUCH, Antoine

REPRÉSENTANT du Haut-Rhin à l'Assemblée constituante de 1848 et commissaire de la République pour le même département, après les événements de la révolution de février, est né à Lutterbach, le 25 novembre 1791 et y mourut, le 26 juillet 1856. Peu d'hommes, en Alsace, sont arrivés à la popularité par une voie plus noble ou plus droite. Il exploitait son domaine de famille et s'occupait d'améliorations agricoles, lorsque ses concitoyens l'envoyèrent comme député de l'opposition à la Chambre française sous la monarchie de juillet. Il siégeait déjà alors au Conseil général, dont il fut président, sans interruption aucune, depuis 1833 jusqu'à sa mort. Dans le département du Haut-Rhin les candidatures officielles présentées sous le patronage du gouvernement ont rarement réussi, pas plus sous le régime français que de nos jours sous la domination allemande. Tel est l'esprit de nos populations que pour compromettre un homme public, dans les élections législatives, il suffit de le présenter sous les auspices de l'administration.

Aussi simple que modeste, mais doué d'un caractère énergique et d'une vigoureuse franchise M. Struch a exercé autour de lui une influence considérable. Dans les débats du Conseil général, il a pris une part active à l'amélioration des voies de communications dans le département. Devenu le collègue de Nicolas Kœchlin à la Chambre des députés, il contribua à l'établissement de la première ligne de chemin de fer construite en Alsace à titre d'essai. Cette voie ferrée de Mulhouse à Thann concédée par une loi du 17 juillet 1837 fut ouverte à la circulation le 22 septembre 1839. Depuis, le réseau de nos chemins de fer n'a cessé de s'accroître, au point d'atteindre aujourd'hui en Alsace-Lorraine un développement de plus de 1200 kilomètres. L'industrie, le commerce et l'agriculture ont beaucoup profité de cette amélioration des moyens de transport et la prospérité du pays a progressé dans une large mesure depuis l'introduction des véhicules à vapeur. Que d'usines se sont élevées dans le pays, grâce à l'établissement des chemins de fer! Que de produits peuvent être transportés avec avantage à de grandes distances, qui naguère ne trouvaient point de débouché à cause de leur volume ou de leur nature encombrante. Certes, la population de l'Alsace, qui atteint aujourd'hui une densité double à celle de la Lorraine à surface égale, ne se serait pas accrue dans cette proportion sans l'essor donné à l'industrie manufacturière par l'extension rapide des chemins de fer.

Le gouvernement provisoire formé à Paris, après la révolution de février 1848, chargea M. Struch des fonctions de commissaire de la République dans le département du Haut-Rhin. Dans les circonstances difficiles du moment, ce mandat avait une portée trop grave pour que le citoyen dévoué auquel il s'adressait, hésitat un seul instant pour l'accepter. Tous ceux qui se souviennent encore de l'administration du commissaire de la République à Colmar s'accordent à en vanter les bienfaits. En l'abandonnant, au bout de quelques mois d'exercice, M. Struch pensa être quitte envers ses concitoyens. Il n'en fut rien. Malgré une déclaration écrite pour décliner le mandat de représentant du peuple à l'Assemblée constituante, 96,000 voix sur 102,000 votants l'envoyèrent une fois de plus siéger parmi les élus de la nation. Vaincu, entraîné par ce mouvement d'irrésistible sympathie, il céda au vœu de ses concitoyens. Pendant toute la durée de l'Assemblée constituante, il ne cessa de donner des preuves d'un inaltérable dévouement à la chose publique et au salut de la patrie. Exempt de toute ambition personnelle, insensible aux promesses et inaccessible à la crainte, la plus entière indépendance unie au sentiment d'un devoir bien compris se manifestent dans tous ses actes publics. Franchement libéral, il a tenu aussi au maintien de l'ordre, condition sans laquelle la liberté tourne à la licence et conduit à l'anarchie.

Dans l'exercice de son mandat à l'Assemblée nationale, M. Struch a rendu de grands services, par ses connaissances spéciales, au sein du comité de l'Algérie, dont il faisait partie. Parmi ses principaux votes, signalons son adhésion au cautionnement des journaux, à l'impôt progressif, à l'établissement des deux Chambres, au vote dans la commune, à la diminution de l'impôt sur le sel, à la suppression des clubs. Il a voté contre l'admission des invalides de la campagne et le droit au travail, prétentions socialistes qui vont reparaître de nouveau en ce moment dans les Chambres françaises. Ajouterons-nous comme particularité que M. Struch a été le parrain de M. Grad, député actuel de Colmar au Reichstag, et qu'il a protégé au début de sa carrière M. Henner, notre grand peintre alsacien.

GRANDIDIER, Philippe-André (Abbé)

GRANDIDIER, Philippe-André
ABBÉ

Historien, né à Strasbourg, le 29 novembre 1752. Dès l'âge de dix ans, il se révélait auteur et trois ans plus tard il terminait déjà ses études à l'Université épiscopale de Strasbourg. Ses parents le destinaient à l'Eglise et il reçut la tonsure à quatorze ans; mais, comme il ne pouvait être ordonné prêtre de longtemps, le cardinal Constantin de Rohan, prince-évêque de Strasbourg, qui s'intéressait à ce jeune « phénomène », le chargea de mettre un peu d'ordre dans les archives passablement délabrées de son Eglise. Grandidier s'acquitta de cette tâche avec un talent si remarquable que le cardinal le nomma archiviste-titulaire de l'évêché en 1771. Il n'avait pas dix-neuf ans.

De 1777 à 1778 il publiait les deux premiers volumes de l'*Histoire de l'évêché et des évêques de Strasbourg*, qui racontaient les origines de l'Eglise d'Alsace jusque vers le milieu du dixième siècle. Pendant quelques années il se tint tranquille afin d'échapper à la critique qui ne lui avait pas été épargnée lors de cette publication.

En 1782 paraissaient ses *Essais historiques et topographiques sur l'église cathédrale de Strasbourg*, un livre de recherches locales, et le meilleur qu'on eût écrit jusque-là sur la matière. Ce nouveau livre resta, lui aussi, inachevé. Cependant les honneurs ne lui manquèrent pas; car, à côté d'ennemis ouverts ou secrets, Grandidier comptait de nombreux admirateurs et de puissants amis. Il devenait successivement chanoine de la collégiale de Haguenau et de celle de Neuwiller, vicaire-général de l'évêque de Boulogne, protonotaire apostolique, historiographe de France, membre résident ou associé d'une foule de Sociétés savantes, parmi lesquelles je nommerai seulement l'Académie des Inscriptions et Belles-lettres à Paris et celle des Arcades à Rome.

En 1785 il publiait un ouvrage très goûté du public. Ces *Vues pittoresques d'Alsace*, devenues très rares et que le peintre Walter illustrait de charmantes vues au lavis bistré, lui donnèrent l'idée d'écrire une histoire complète de la province, et bientôt, en effet, grâce à un travail acharné, le premier volume de l'*Histoire ecclésiastique, militaire, civile et littéraire de la province d'Alsace* paraissait à Strasbourg en 1787. Il embrassait les événements historiques depuis l'époque romaine jusqu'à Clovis. On voit que le nombre des volumes aurait été considérable, si l'auteur avait pu mener son travail à bonne fin. Mais une inconcevable fatalité s'acharnait contre l'œuvre du malheureux érudit. Il était écrit qu'aucun de ses grands projets ne se réaliserait jamais. Cette même année, pendant que Grandidier compulsait les archives du couvent de Lucelle, il fut saisi par une fièvre pernicieuse qu'on essaya vainement de couper. Il mourut, le 12 octobre 1787, et fut enterré dans l'église du couvent de Lucelle. Il n'avait pas encore trente-cinq ans.

Grandidier avait accumulé de nombreux manuscrits, des notes plus nombreuses encore, mais, même après sa fin, le sort ne lui devint point propice; ses manuscrits disparurent en partie dans la tourmente révolutionnaire, avant qu'on eût réussi à leur faire voir le jour. M. le professeur Jung, ayant découvert, par un heureux hasard, pendant qu'il fut bibliothécaire de la ville de Strasbourg, de nombreux papiers du défunt dans une vente aux enchères faite à Leipzig, les acquit pour la ville. Soixante-dix ans après la mort de Grandidier, un homme qui a montré pour la mémoire de cet historien un dévouement à toute épreuve, M. J. Liblin, le directeur de la *Revue d'Alsace*, réussit après plusieurs essais à faire paraître les *Œuvres inédites* de Grandidier en six volumes. M. Liblin venait de réintégrer les originaux à la bibliothèque de Strasbourg, quand vint la guerre de 1870, le bombardement, l'anéantissement des collections scientifiques de cette ville, ainsi que des manuscrits du savant archiviste épiscopal, sauf quelques cahiers que M. Liblin détenait encore et que l'on peut voir à la nouvelle bibliothèque municipale.

SOURCES. — R. Reuss. *Vieux noms et rues nouvelles de Strasbourg*. Strasb., 1883, 1 vol. Treuttel et Wurtz, éditeurs. — Portrait d'après la peinture de Lejeune (1778). Bibliothèque de Colmar.

OBERLIN, Jean-Frédéric

OBERLIN, Jean-Frédéric

Le père de l'illustre pasteur dont nous venons d'écrire le nom était professeur au gymnase protestant de Strasbourg. Il eut neuf enfants dont deux arrivèrent à la célébrité, savoir Jérémie-Jacques que Schœpflin honora de son amitié et qui rendit à la philologie, à la diplomatique, à l'archéologie et à l'histoire littéraire les services les plus signalés, et Jean-Frédéric qui naquit le 31 août 1740. Après avoir cultivé la poésie, il se porta tout entier vers la théologie, tout en remplissant consciencieusement — car il fallait vivre — les fonctions de précepteur dans la maison du chirurgien Ziegenhagen. C'est alors qu'il prit pour devise ces paroles : « Marcher devant Dieu ; » soit qu'il tâchât de s'approprier les éléments de la médecine et de la botanique, soit qu'il étudiât Voltaire, dans l'intention de le réfuter, soit encore qu'il se trouvât en proie à des accès de mélancolie, jamais il ne la perdit de vue. Aussi, quand en 1767, on vint lui offrir la place de pasteur au Ban-de-la-Roche où une centaine de familles, plongées dans l'ignorance et la misère, végétaient dans un coin perdu des Vosges, Oberlin, plein d'une ardeur junévile et d'une confiance absolue dans le secours de la Providence divine, n'hésita pas à accepter. Grâce à sa vaillante et intelligente initiative le Ban-de-la-Roche ne tarda pas à se transformer du tout au tout. Pour relier entr'eux les cinq villages de sa paroisse, il mit lui-même la main à la pioche avec son valet de labour : deux cents volontaires s'empressèrent de lui venir en aide. D'excellentes voies de communication s'établirent comme par enchantement; la vaine pâture disparut; le moindre coin de terre arable fut utilisé; le seigle, le trèfle, la pomme de terre, des arbres fruitiers que les habitants de ces hauteurs ne connaissaient jusque-là que de nom y furent cultivés avec grand succès. Une Société d'agriculture, fondée par Oberlin, une caisse d'emprunts, puis une caisse d'amortissement vinrent puissamment en aide aux travailleurs honnêtes. Comme aucun métier n'était exercé dans la paroisse, Oberlin plaça en apprentissage à Strasbourg un certain nombre de ses jeunes paroissiens; ils en revinrent transformés en maçons, en menuisiers, en forgerons, etc. Aux enfants les plus pauvres, il apprit à confectionner des ouvrages de vannerie, des paniers en osier, des vêtements rustiques; chaque maison eut son métier de tisserand. Bientôt aussi, grâce à lui, le Ban-de-la-Roche eut son médecin et sa pharmacie.

Pénétré, plus que personne, de la pensée que l'homme ne vit pas de pain seulement, Oberlin fit marcher de front avec les nombreuses mesures propres à pourvoir au bien-être matériel de ses paroissiens, les institutions propres à développer parmi eux l'éducation intellectuelle et l'instruction religieuse.

La fondation de bonnes écoles lui tint particulièrement à cœur. Il traça lui-même le plan de celle qui ne tarda pas à s'élever à Waldbach en face du chétif presbytère; le pasteur et ses paroissiens rivalisèrent de générosité pour en supporter les frais; les quatre annexes de Waldbach furent dotées tour à tour d'édifices semblables. Les règlements scolaires, élaborés par Oberlin, portent le cachet d'une haute intelligence des choses pédagogiques. Sagement gradués, ils font une large part aux leçons de *choses*. Il écrit entr'autres à ses instituteurs : « Presque tous les écoliers ne veulent peindre qu'avec des couleurs brillantes. Cependant il y a peu de couleurs brillantes dans la nature; les rochers, les troncs des arbres, les maisons, les terres, les meubles et les ustensiles n'ont point de couleurs brillantes. S'il y a des écoliers qui sont assez sages pour prendre la nature pour modèle et pour employer des couleurs mates, veuillez me faire parvenir leurs cahiers. » Dans les classes élevées, on enseignait, outre la peinture, la botanique, l'agriculture, l'astronomie, la psychologie, l'hygiène, la tenue des livres; dans la première classe, les enfants devaient apprendre 1° à déposer les mauvaises habitudes; 2° à acquérir l'habitude de l'obéissance, de la sincérité, de la débonnaireté, du bon ordre, de la bienfaisance, etc.; 3° à épeler sans livre; 4° à bien prononcer les syllabes; 5° la dénomination juste des choses qu'on leur montre; 6° les premières notions de la morale et de la religion, etc. On sait d'ailleurs qu'Oberlin fut le véritable fondateur des *Salles d'asile*, en formant des *conductrices de la tendre jeunesse*. Il en confia la direction à sa fidèle servante, Louise Scheppler qui le servit avec un dévouement hors ligne pendant près de cinquante ans, et à laquelle en 1826, l'Académie française décerna le *grand prix de vertu*. « Oberlin — ainsi s'exprime M. Legrand dans son rapport à M. de Gérando — Oberlin arrangea des chambres spacieuses et les salaria à ses frais. C'est dans ces poêles qu'il voulut que les enfants des villages, de tout âge, s'amusassent entr'eux, sous une surveillance douce et maternelle; les petits jouaient, les plus grands apprenaient à filer, à tricoter, à coudre...; à chaque conductrice Oberlin fournit des estampes enluminées sur l'histoire sainte, sur l'histoire naturelle. Ici le chant accompagne le travail, on raconte des histoires instructives à la portée des enfants; en été, on cueille des plantes dont on apprend les noms, les caractères distinctifs, les vertus, etc. »

Ajoutons que, pour élever le niveau intellectuel de ses paroissiens, Oberlin créa une bibliothèque roulante, établit un cabinet d'histoire naturelle, fonda des prix d'encouragement.

A son tour, le culte et la cure d'âmes furent l'objet de ses soins les plus assidus. Il développa le chant sacré, multiplia les instructions catéchétiques, régla l'emploi du dimanche, de manière à faire alterner, avec les exercices religieux, les délassements honnêtes.

Les merveilles opérées par le grand philanthrope chrétien étendirent sa réputation au loin. Les distinctions de tout genre vinrent à lui, sans qu'il s'en souciât beaucoup. La Société biblique de Londres le nomma, en 1804, son premier membre correspondant; en 1818, la Société centrale d'agriculture lui décerna une médaille d'or; en 1819, Louis XVIII le nomma chevalier de la Légion d'honneur. L'arrivée de la famille Legrand, de Bâle, qui, en 1813, établit une fabrique de rubans à Fouday fut, pour le digne pasteur, un puissant encouragement. Il s'en réjouit d'autant plus, qu'il avait tremblé, en 1792, de voir toute son œuvre sombrer : pour contenir le mouvement révolutionnaire, il se fit nommer président d'un club où il prêcha, sous une forme populaire, les principes chrétiens.

Cependant les infirmités de la vieillesse vinrent annoncer à Oberlin que sa fin approchait. Souffrant des yeux, en proie à de pénibles insomnies, le vénérable pasteur ne cessa pas, jusqu'à sa dernière heure, de se consacrer au bien de ses paroissiens qui, eux, aimaient avec passion leur « papa Oberlin. » Il mourut le 1ᵉʳ juin 1826, âgé de quatre-vingt-cinq ans. « Puissiez-vous oublier mon nom et ne retenir que celui de Jésus-Christ que je vous ai prêché..., » telle fut l'une de ses dernières paroles.

Les convictions religieuses d'Oberlin étaient d'un genre particulier. Elevé dans des principes d'une orthodoxie rigoureuse, Oberlin s'en affranchit parce qu'il avait en horreur l'esprit de parti. Il désirait (nous dit son dernier biographe, *Encyclopédie des sciences religieuses* publiée par M. Lichtenberger, t. IX, p. 726) le rapprochement de tous les chrétiens et indiquait la Bible, comme le lien de leur union. Il insistait, entre toutes, sur la doctrine de la Providence spéciale, et attribuait à la prière la plus grande efficacité sur la vie individuelle et sur les destinées sociales. Hétérodoxe et paradoxal comme à plaisir, il s'intitulait ministre *catholique-évangélique;* il pratiquait l'usage du sort, s'intéressait à la physiognomonie mise à la mode par Lavater, et s'occupait avec prédilection des problèmes relatifs à la vie future : il n'admettait pas l'éternité des peines et intercédait volontiers pour les trépassés. Il croyait aux pressentiments et aux visions. Il avait dessiné une carte géographique du ciel avec cette légende : « Représentation hasardée de la chère patrie des disciples de Jésus-Christ. » Il s'occupait aussi de magnétisme et avait imaginé une théorie particulière sur les couleurs. — D'une générosité rare pour les autres, Oberlin ne cessa de pratiquer la plus grande simplicité des mœurs. D'une piété ardente, il n'oublia jamais d'en tempérer les élans dangereux par la pratique humble et modeste de toutes les vertus. Tour à tour ferme et doux, sérieux jusqu'à la mélancolie et d'une gaîté folle, exclusif et tolérant, passionné pour les choses de la terre et aspirant de toutes ses forces aux choses célestes, il concentra dans sa personne des qualités qui semblent s'exclure, mais qui, en lui, se fondaient en une harmonieuse unité.

Sa femme, Salomé Witter, fille d'un professeur à l'université de Strasbourg, le rendit père de neuf enfants dont l'aîné, Frédéric, périt sur les bords du Rhin en 1793, servant comme volontaire dans l'armée de la République. Le second, Henri, périt pour avoir travaillé, quoique malade, à arrêter les progrès d'un incendie. Un troisième s'adonna à la médecine.

SOURCES. D. E. Stöber : *Vie de J. F. Oberlin*. Paris et Strasbourg, 1821. Biographie émaillée de détails des plus curieux. — Spach : *Oberlin, pasteur du Ban-de-la-Roche*. Strasbourg 1866. — Burckhardt : *Oberlin's Lebensgeschichte und Schriften*. Stuttgart, 1843, 4 vol. — Bodemann : *Oberlin, nach seinem Leben und Wirkendargestellt*. Stuttgart, 1879 (3ᵉ édition). — H v Schubert : *Züge aus dem Leben des Joh. Fr. Oberlin*. Nürnberg, 1845, (8ᵉ édition) etc., etc.

BENNER, Emmanuel — BENNER, Jean

BENNER, Emmanuel et Jean

Les deux frères jumeaux, Emmanuel et Jean Benner, nés en 1836, à Mulhouse, d'une famille bien connue dans l'industrie alsacienne, prirent tout d'abord des leçons de leur père, peintre de fleurs, et de Jean Eck.

Ils passent par les manufactures d'étoffes peintes de Mulhouse, puis peu à peu le goût du grand art leur vient, leur ambition s'éveille. Les voilà à Paris; Jean étudie la figure aux cours du soir, chez Suisse, et à l'école des beaux-arts, comme élève de Pils; Emmanuel suit l'enseignement de Bonnat. Tous deux subissent profondément l'influence du grand artiste Henner, en qui l'école alsacienne se plaît à reconnaître son initiateur et son maître.

En 1866, ils partent pour l'Italie sous les auspices de leur ami Jules Siegfried. C'est le moment décisif de leur carrière.

Jean Benner, surtout, semble avoir été fortement impressionné par l'aspect de la nature italienne et la fréquentation des maîtres de ce pays. Après divers séjours à Venise, Florence et Rome, il va à Naples et au retour s'arrête longtemps auprès d'Hamon, à Capri, d'où il envoie de nombreuses toiles, fort remarquées au Salon; puis il revient se fixer définitivement à Paris. Citons parmi ses envois :

1868. *La petite folle de Capri* (Musée de Colmar).
Fleurs et fruits sur des livres; nature morte (appartient à M. N. Kœchlin).
1872. *Les femmes de Capri après la tempête* (Oeuvre très mouvementée, qui valut à son auteur une médaille de deuxième classe).

1873. *L'Escalier d'Anacapri* (Musée de Colmar).
1874. *Le Baptême.* — *Une Sérénade à Capri.*
1875. *Canzonetta.* Un motif italien, très élégant et très poétique. Un jeune homme, assis sur un banc de pierre, chante à une Silvia sa *canzonetta*, en jouant de la mandoline.
Un trappiste en prière, tableau de grande dimension, qui est un morceau de premier ordre. Ce beau tableau a été offert par M. Jules Dollfus au Musée de Mulhouse.
1876. *Une scène antique.*
1877. *Le portrait de M. Scheurer-Kestner, sénateur.*
1878. *Briséis et Patrocle.*
Le portrait de M. Dauphinot, sénateur.
1879. *Une Epave* (Musée de Limoux).
1880. *Une rue à Capri* (Musée de Châlons-sur-Marne).
1881. *Carmela sur le mont Solaro.*
Une maison à Capri (Musée de Pau).
1882. *Jeunes filles à la fontaine.*
Rosina.
1883. *Pivoines.*
Alsacienne.
Après la tempête (Musée de Belfort).
Nanarella (Musée de Mulhouse).
Fleurs (Musée de Mulhouse).
Les Pêcheurs (Musée du Hâvre).
Douze peintures décoratives. Sujets alsaciens et fleurs (au château de M. Jules Siegfried, maire du Hâvre).

On le voit, la préoccupation de l'Italie est constante chez cet artiste. Ajoutons qu'il en a rendu les différents aspects avec beaucoup de force et de sincérité.

Le frère de Jean Benner, Emmanuel, est resté fidèle à l'influence d'Henner.

Ses principales toiles sont :

1868. *Gibier et fruits*, nature morte (appartient à M. N. Kœchlin).
1875. *L'Abandonnée et une danseuse espagnole.*
1876. *Madeleine.* — *Les captifs.*
Rêverie. — *Daphnis et Chloé.* — *Espagnole à sa fenêtre.* (Exposition de Mulhouse.)
1877. *Tireurs d'arc* (scène lacustre). — *Vénus et Adonis.*
1878. *Une famille lacustre ;* Lac de Bienne (Musée de Mulhouse). — *Portrait de jeune fille.*
1879. *Chasseurs à l'affût*, encore des lacustres (Musée de Limoux). — *Une dormeuse* (achetée par l'Etat et donnée par lui au Musée d'Amiens).

1880. *Les baigneurs.* — *Les cygnes.*
1881. *Le repos,* acheté par l'Etat et honoré d'une médaille de troisième classe, une des plus charmantes toiles du Salon de 1881, où l'on voit un délicieux corps de femme se profiler sur un paysage d'une verdure discrète. Voilà de l'art comme on n'en fait plus guère.
1882. *Portrait de Mlle C.* — *Baigneuses* (Musée de Rouen).
1883. *Les trois Grâces.* — *Panneau décoratif.*

Emmanuel et Jean Benner ont su déjà se faire dans l'art contemporain une place des plus remarquées, et l'école alsacienne est en droit de compter sur eux.

SOURCES. Gabriel Vicaire. Journal *l'Alsacien-Lorrain*, Paris, 25 décembre 1881. Portrait d'après une photographie de la maison Braun.

ANT. MEYER, PHOTOG. COLMAR   DÉPOSÉ

RISTELHUBER, Paul

RISTELHUBER, Paul

Naquit à Strasbourg, le 11 août 1834, et termina ses études à Paris. A vingt-deux ans il publia son premier volume: c'étaient des vers, comme il sied à la jeunesse. Bientôt l'érudition, la curiosité le tentèrent, et l'on vit paraître le *Liber vagatorum*, ou livre des gueux, précédé d'une notice littéraire et bibliographique sur l'argot des bords du Rhin et terminé par un vocabulaire des mendiants, 1862. On approuva l'idée de traduire et d'annoter ces curiosités et de leur donner du relief par un extérieur élégant. Ces publications sont intéressantes pour l'histoire, surtout pour l'histoire naturelle du peuple, qui se montre le même dans tous les temps et dans tous les lieux. L'érudition y trouve également son compte en même temps que l'occasion favorable de se produire à son aise.

Au Livre des gueux succéda: *Faust dans l'histoire et dans la légende, essai sur l'humanisme superstitieux du XVIe siècle et les récits du pacte diabolique*, 1863. Cet ouvrage comprend six chapitres. Dans le premier, l'auteur cherche à tirer des passages qu'il cite la conséquence que Faust fut un humaniste. Dans le second, il montre que la légende greffée sur le personnage historique est d'origine spécialement luthérienne. Le troisième traite des représentations graphiques du sujet. Le quatrième parle des personnages qui, avant et après Faust, ont été regardés comme ayant conclu un pacte avec le diable ou qui ont été habituellement rapprochés de notre docteur. Le cinquième distingue l'imprimeur du XVe siècle et le magicien du XVIe. Enfin le sixième poursuit la légende sous ses formes lyrique, narrative et scénique. Dès l'origine, l'ouvrage fut cité favorablement par M. Chassang, aujourd'hui inspecteur général de l'enseignement secondaire, et récemment il arrêtait l'attention de M. Miguel Sanchez y Moguel dans son mémoire : le *Magicien prodigieux et le Faust*, couronné au concours du centenaire de Calderon.

M. Ristelhuber se tourna ensuite vers l'histoire locale et consacra deux ans à l'élaboration de l'*Alsace ancienne et moderne, dictionnaire topographique, historique et statistique du Haut et du Bas-Rhin,* 1865. Baquol, dont un ouvrage servait de cadre à cette publication, avait dû travailler sur des documents souvent incomplets et fournis en partie en dehors de toute critique historique par ces faiseurs de petite localité qui, sous divers prétextes, s'attribuent volontiers le monopole des archives ou des notices concernant leur commune. Aussi remarquait-on chez lui des lacunes étranges ; telle localité s'y montrait avec un grand luxe de détails, tandis que telle autre, non moins digne d'attention au point de vue des annales ou des monuments, y apparaissait à peine avec le cortège de quelques lignes de cette statistique vulgaire qui consiste à indiquer la résidence d'un juge de paix ou d'un notaire. L'édition nouvelle devait, pour satisfaire pleinement au sens du mot topographie, inscrire à côté du nom moderne des localités les noms anciens, la date de leur apparition et l'indication des sources qui les donnent. Elle s'attachait aussi à rechercher l'origine de ces noms. Sans doute, lorsqu'on se lance sur le terrain mouvant de l'étymologie, on risque de commettre quelques erreurs, il n'en est pas moins vrai que beaucoup de noms de localités alsaciennes ont des racines qui se retrouvent dans la Bretagne française. « Il ne faudrait pas, a dit à ce propos M. L. Levrault, que la revendication hypothétique de ces étymologies fît mettre au rebut les indications très intéressantes pour l'histoire du moyen-âge que contiennent plusieurs de nos noms de villes et de villages. Les limites géographiques tant saliques que féodales peuvent être élucidées par la saine intelligence de quelque syllabe, de quelque vocable. Il est aussi des noms propres de dynastes des époques mérovingienne et carlovingienne qui doivent mettre sur la voie de beaucoup d'origines communales, à condition surtout que ces noms de dynastes s'étayent de quelque titre, de quelque texte de chartes ou autres documents écrits. Nous n'arriverons à bien connaître nos origines que lorsque toutes les hypothèses, même les plus hardies, auront été proposées et débattues. »

A la série des travaux alsatiques de M. Ristelhuber appartiennent encore : *L'Alsace*, album photographique faisant partie de la *Galerie universelle des peuples* publiée par Lallemand et Hart, 1865; la *Lettre sur les archives de la ville de Strasbourg*, 1866; *l'Alsace à Morat*, 1876; etc. Nous abordons maintenant un autre ordre de publications, celles qui ont trait au genre narratif et à la littérature comparée.

Voici d'abord les *Contes, lettres et pensées de l'abbé Galiani*, avec introduction et notes, 1866. « *Urna brevis*, disait M. Spuller dans le *Nain Jaune*, telle est l'épigraphe du charmant petit volume dans lequel M. R. a renfermé non pas tout ce qui reste des écrits de l'abbé Galiani, mais la quintessence des œuvres et de l'esprit du Napolitain jeté en pleine société française du dix-huitième siècle et qui s'y fit une place à force de souplesse, de drôlerie et parfois d'éloquence et de véritable profondeur. *Urna brevis!* c'était tout ce qu'il fallait à l'abbé Galiani. » Ainsi n'en ont pas jugé des éditeurs récents qui ont crut réinventer le petit abbé. Ce n'est pas d'ailleurs la seule fois qu'on est revenu sur des sujets à propos desquels M. Ristelhuber a eu au moins le mérite de l'initiative. Il a publié un choix de *Contes de Pogge*, 1867 : des spéculateurs se sont mis à vouloir compléter Pogge, comme si Pogge avait besoin d'être complet. Il a publié l'*Elite des contes du sieur d'Ouville*, 1876; en 1883, paraît un d'Ouville dont l'éditeur semble ignorer son devancier et déclare inutile de se livrer à un long exposé des sources et des imitations des contes que d'Ouville a recueillis... apparemment parce que ces raisins sont trop verts.

La bibliographie réservait d'autres surprises à M. Ristelhuber. Il publiait depuis 1869 une sorte d'annuaire divisé en trois parties, la première spécialement bibliographique, la seconde complétant la première sous forme de chronique, la troisième consistant en variétés dont certaines fournies par des collaborateurs bienveillants. Le 16 janvier 1875 il fut arrêté et le 19, condamné à quatre mois de détention dans une forteresse, pour avoir offensé l'empereur d'Allemagne dans l'écrit : *Bibliographie alsacienne*, 5e série, par la reproduction et l'approbation formelle de vers de l'*Offrande* :

« Non, nous n'oublierons pas, Rois, ce que vous cherchez, »
jusque :
« Eternel souvenir ! Guerre ! guerre ! revanche ! »

Le tribunal ordonna en outre la destruction des pages 55 à 58 dudit ouvrage.

Rendu à la liberté, M. Ristelhuber se remit au travail de plus belle et en 1879 parut l'édition de l'*Apologie pour Hérodote* de Henri Estienne.

L'édition originale de ce livre fameux (le seule

selon toute apparence, qui soit sortie des mains de Henri Estienne) ne vit le jour à Genève, en 1566, que mutilée par la censure du Conseil. A peine quelques exemplaires intacts avaient-ils pu échapper à la rigoureuse suppression qui en fut faite, et ils demeurèrent si longtemps cachés ou inconnus, que sur treize éditions ou contrefaçons publiées après la première, dans les quarante années qui la suivirent, de 1567 à 1617, aucune ne reproduit le texte censuré. Celle de Le Duchat (La Haye, 1735, 2 tomes en 3 vol. in-8°), qui se trouve le plus communément et qui passait pour la meilleure, ne donne elle-même que trente ou quarante lignes de ce texte. L'éditeur a eu la bonne fortune de mettre la main, au dernier moment, sur un des deux seuls exemplaires connus échappés à la censure et de constater, par une comparaison minutieuse de cet exemplaire primitif avec les exemplaires ordinaires, que Henri Estienne avait été forcé de réimprimer, en divers endroits de son livre, vingt-huit feuillets, soit cinquante-six pages. Personne, jusqu'à ce jour, n'avait eu l'occasion de signaler ces nombreux passages, qui font de l'*Apologie pour Hérodote*, trois cents ans après sa publication, un livre presque nouveau. Cette édition est donc bien définitivement la seule complète : pour mieux dire, elle a toute la valeur d'une édition originale, puisque celle d'Estienne n'existe plus qu'à l'état d'objet rare, soigneusement caché dans deux cabinets d'amateur.

Quant au commentaire de M. Ristelhuber, il élucide une foule de questions d'histoire, de linguistique, de philologie, de manière que M. Alfred Maury a pu présenter l'ouvrage à l'Académie des Inscriptions en ajoutant qu'il méritait toute l'approbation de cette savante compagnie. Le même honneur est advenu à M. Ristelhuber par l'intermédiaire de M. Adolphe Regnier, pour une étude de littérature comparée intitulée : *Une fable de Florian*, 1881.

Nous ne nous attarderons pas à citer toutes les brochures publiées par M. Ristelhuber, ni à mentionner les journaux auxquels il collabore ou a collaboré, disons seulement : Voilà une vie entière consacrée aux lettres, et les lettres portent leur récompense en elles-mêmes.

M.

WALDNER DE FREUNDSTEIN
Christian-Frédéric-Dagobert

WALDNER DE FREUNDSTEIN

CHRISTIAN-FRÉDÉRIC-DAGOBERT

LIEUTENANT-GÉNÉRAL au service de France, appartient à la ligne de *Schweighausen* de cette ancienne et illustre maison alsacienne. Né en 1712, il était le second fils du diplomate Frédéric-Louis, baron Waldner de Freundstein (né en 1676, mort en 1732) et de Françoise-Salomé Wurmser de Vendenheim, de *Sundhausen*, tante du maréchal. Il entra d'abord dans les gardes suisses (1741); devint brigadier des armées du roi en 1747; fut mis, six ans après, à la tête du régiment de *Waldner-Suisse;* obtint en 1758 le grade de maréchal de camp et en 1762 celui de lieutenant-général; et commanda en chef le camp de Compiègne en 1769. En 1748, Louis XV lui conféra « pour ses services, ceux de sa famille et pour la pureté de la noblesse de ses ancêtres », le titre de comte, transmissible par ordre de primogéniture « à l'aîné de la branche aînée », et lui donna en 1759 la grand'croix du Mérite militaire, à la création de l'ordre. Le général de Waldner mourut en 1783, sans laisser de postérité de ses deux mariages 1° avec Louise-Françoise Heuze de Vologer; 2° avec Marie-Hélène-Françoise de Munck, de la branche de *Porrentruy*. Le titre de comte passa, en conséquence, à son frère aîné, François-Louis, colonel de cavalerie au service de France et président du directoire de la noblesse de l'Ortenau, trisaïeul du chef actuel de la famille.

Le général Dagobert de Waldner a reconstruit,

en 1751, le château d'Ollwiller; il portait le titre de seigneur d'Ollwiller, Berwiller, Beroldswiller, Rimbach-Zell, Biesheim, Vogelgrün et Geisswasser.

E. L.

SOURCES : Ernest Lehr, *Alsace noble*, III. p. 183, notice rédigée d'après des renseignements authentiques communiqués à l'auteur par le comte Théodore de Waldner, alors chef de la famille et petit-neveu du général, en vue de rectifier les notices précédemment publiées par Borel d'Hauterive, Müller, etc. et dans le *Handbuch der Gräfl. Häuser*, de Gotha.

VOYER D'ARGENSON, Marc-René

MARQUIS D'ARGENSON
MARC-RENÉ DE VOYER

Fils du général marquis de Voyer et petit-fils du comte d'Argenson (ministre de la guerre sous Louis XV et l'ami de Voltaire), naquit à Paris en 1771. Ayant perdu son père à l'âge de onze ans, il fut élevé par les soins d'un littérateur distingué, M. de Paulmy, l'un de ses parents, et terminait ses études à Strasbourg lorsqu'éclata la Révolution. Après la fuite de Varennes, M. d'Argenson demanda du service et fut nommé aide de camp du général Wittgenstein, qui commandait une division sur la Meuse. L'année suivante, il passa en la même qualité dans l'état-major de Lafayette. Mais, son général ayant dû quitter l'armée et la France, d'Argenson jugea prudent, lui aussi, de se faire oublier pendant quelque temps et se fixa dans ses terres de Touraine jusqu'à ce que les années les plus orageuses de la Révolution se fussent écoulées. C'est alors qu'il épousa la veuve du prince Victor de Broglie (grand-père du duc Albert de Broglie), Sophie-Rose de Rosen, marquise de Bollwiller, comtesse de Dettwiller, baronne de Masevaux, etc., et noua avec l'Alsace des liens que la mort seule devait briser : il était par son mariage l'un des grands propriétaires fonciers du pays. Pendant le consulat et les premières années de l'empire, M. d'Argenson se tint à l'écart, partageant son temps entre l'éducation de ses enfants et de ceux de sa femme, des travaux agronomiques et l'exploitation d'usines considérables dans la Haute-Alsace. Il eut le bonheur de pouvoir contribuer au soulagement de ses concitoyens en maintenant dans des temps de disette le prix des grains à un cours moins élevé. Nommé deux fois à la présidence du collège électoral de la Vienne, il refusa la place de chambellan, mais se décida en 1809 à accepter la préfecture des Deux-Néthes. Il se trouvait à Anvers à l'époque du débarquement des Anglais à Walcheren et contribua puissamment aux mesures qui furent prises pour les repousser. Fidèle à ses principes d'indépendance légale, le préfet refusa de mettre le séquestre sur les biens du maire d'Anvers et de quatre autres personnes qui avaient été dénoncées à l'empereur comme coupables de malversations, mais que les tribunaux avaient acquittées. Après une correspondance infructueuse avec les ministres de l'intérieur et des finances, M. d'Argenson résigna ses fonctions plutôt que de céder à des exigences qu'il jugeait illégales. Aussitôt après la première Restauration, il fut appelé à la préfecture de Marseille, mais il déclara qu'il n'accepterait de fonctions du gouvernement que sous une constitution libre et après l'évacuation du territoire. Elu après le 20 mars représentant pour l'arrondissement de Belfort, il fit partie, avec Lafayette et Benjamin Constant, de la députation chargée de faire reconnaître par les alliés le rétablissement de l'empire et la déchéance des Bourbons. Réélu par le même collège à la Chambre des députés en 1815, il dénonça à la tribune le massacre des protestants dans le Midi et obtint l'honneur d'un rappel à l'ordre. Depuis lors il fit partie de presque toutes les assemblées législatives françaises, jusqu'à sa mort survenue en 1842, représentant alternativement les collèges de Belfort, de Pont-Audemer, de Châtellerault et, après 1830, de Strasbourg.

Inaccessible à toutes les séductions, comme aux hésitations d'un esprit timoré, M. d'Argenson ne négligea jamais, dans sa longue carrière politique, aucune occasion de s'élever contre les actes arbitraires, de défendre la liberté et la légalité et de réclamer en faveur des classes pauvres les mesures propres à assurer leur bien-être.

E. L.

SOURCES : *Encyclopédie des gens du monde, Biographie nouvelle des contemporains*, 1827, t. I. Ernest Lehr, *Notice sur la famille de Rosen*, Strasbourg, 1865.

ANT. MEYER, PHOTOG. COLMAR   DÉPOSÉ

SPENER, Philippe Jacques

SPENER, Philippe-Jacques

SPENER, le célèbre promoteur d'un important mouvement religieux qui, petit à petit, gagna l'église protestante tout entière, est au nombre des hommes que l'Alsace s'honore le plus justement d'avoir vu naître.

Il naquit le 13 janvier 1635, à Ribeauvillé. Son père, originaire de Strasbourg, s'y trouvait au service du comte de Ribeaupierre. D'une piété éprouvée et d'accord, en cela, avec la comtesse douairière Agathe de Ribeaupierre, il voua le jeune Philippe au service de l'Eglise. Celui-ci entra, en 1650, au gymnase protestant de Colmar; puis, en 1651, à l'université de Strasbourg, où il étudia la théologie sous la direction du célèbre Dannhauer. Il y acheva ses études, tout en surveillant celles de deux princes palatins du Rhin, auxquels il fit entr'autres un cours d'héraltique. Après avoir visité Bâle, Genève, Tubingue, et soutenu, en 1664, sa thèse pour le doctorat en théologie, à Strasbourg, où il épousa la pieuse Suzanne Ehrhardt, fille d'un membre du Conseil des Treize, il accepta l'offre que lui firent le clergé et le sénat de Francfort de faire de lui le doyen des pasteurs de cette ville. Il demeura à Francfort de 1666 à 1686; à Dresde, où l'Electeur de Saxe lui fit accepter les fonctions de premier prédicateur de la cour, de 1686 à 1691; à Berlin enfin, où l'Electeur de Brandebourg le nomma premier pasteur à l'église Saint-Nicolas, inspecteur ecclésiastique et membre du consistoire supérieur, de 1691 jusqu'à sa mort, le 5 février 1705.

Dans ces trois postes, Spener, avec une fermeté et une charité qui ne se démentirent jamais, à travers d'ardentes inimitiés et non sans commettre quelques fautes, poursuivit le plus élevé des buts. Ranimer la vie religieuse : c'est à cela que tendirent tous ses efforts.

A Francfort, il commença, véritable apôtre, par expliquer au peuple le catéchisme de Luther et par se charger lui-même des services catéchétiques qui se rattachaient aux services de l'après-midi. Puis, après avoir réveillé bien des esprits par la guerre acharnée qu'il fit au formalisme, il institua chez lui des assemblées d'édification mutuelle (*collegia pietatis*), auxquelles participèrent et des gens du peuple et des hommes des plus instruits et des plus considérés. Plus spénériens que Spener lui-même, bon nombre de ses adhérents ne tardèrent pas à prendre en pitié tous ceux que ces conventicules n'attiraient pas : de là le sobriquet de *piétistes* qu'on leur appliqua. C'est à Francfort (1675) que Spener publia ses fameux *Pia desideria*, livre qui lui valut à la fois les critiques les plus virulentes et l'approbation presque sans réserve de huit universités allemandes. Il y réclamait la diffusion des connaissances bibliques, le renouvellement des études théologiques et de la prédication, la création d'assemblées privées d'édification mutuelle, etc.

A Dresde, Spener reprit ses exercices catéchétiques du dimanche, qui furent, en 1688, déclarés obligatoires dans tout le ressort de l'électorat. Mais son activité n'y fut pas de longue durée. Prenant au sérieux tous ses devoirs, il s'avisa d'adresser à son pénitent Jean-George III une lettre respectueuse, mais énergique, pour lui reprocher le débordement de ses mœurs. L'électeur s'irrita au point de ne plus lui permettre de paraître en sa présence. Ce fut le moment que choisit, pour s'attaquer à lui, Carpzov, professeur à l'université de Leipzig, pour qui Spener avait été « un zélé serviteur de Dieu » jusqu'au moment où il avait pris la place de premier prédicateur de la cour, à laquelle il prétendait lui-même. Sa haine s'exhala par les plus violentes sorties contre les collèges bibliques, *collegia biblica*, que les étudiants de l'université avaient formés, en 1687, sous la direction du célèbre Francke et d'autres disciples de Spener, dans le but de s'occuper en commun de l'interprétation des Livres saints. Il est vrai que quelques-uns de ces jeunes gens affectaient de se distinguer par un rigorisme qui pouvait faire naître le soupçon d'hypocrisie; mais il était injuste de reprocher leurs ridicules à Spener qui ne cessa de condamner ces dangereuses exagérations. Ces virulentes attaques, jointes à la conduite de l'électeur, décidèrent Spener à saisir avec empressement l'occasion qui s'offrit à lui de s'établir à Berlin.

Il y rencontra énormément de sympathie, mais aussi, comme à Dresde et à Francfort, de nombreux adversaires qui se recrutaient dans les rangs de l'incrédulité et dans ceux d'une sèche et tracassière orthodoxie. Il est vrai que ses amis ne furent pas des derniers à lui susciter des embarras, en se disant favorisés de visions, d'extases, de révélations merveilleuses, phénomènes, on le sait, qui forment le cortège habituel de tous les grands réveils religieux agissant tout ensemble sur les esprits et sur les nerfs. Il résulta de tout cela que la Faculté de Wittemberg publia contre Spener un mémoire qui lui attribuait deux cent quatre-vingt-trois opinions hérétiques, ni plus ni moins.

Spener entra dans son repos après une maladie qui dura sept mois, à l'âge de soixante-dix ans.

Sa compagne dévouée, qui lui avait donné onze enfants, le suivit de près dans la tombe.

L'activité de Spener fut prodigieuse. Pour la caractériser, qu'il nous suffise d'ajouter à ce que nous avons dit plus haut que ses œuvres se composent de 123 volumes sur divers sujets de morale, d'histoire et de théologie, et qu'il recevait par an un millier de lettres, auxquelles il répondait parfois par des consultations en forme, qu'on a publiées plus tard sous le titre de *Theologische Bedencken*. Au point de vue moral, a dit un de ses biographes les plus impartiaux, on ne saurait trop relever la régularité de ses habitudes, la simplicité de sa vie, la générosité de son caractère, la modestie et la sincérité de son langage. Plein de déférence envers ses supérieurs, affable et prévenant avec ses inférieurs et ses égaux, il savait néanmoins unir, à l'occasion, la fermeté à la prudence et à la charité. Toutes ses vertus avaient d'ailleurs leur source dans sa communion incessante avec Dieu. Spener était, par dessus tout, un homme de prière. Sa noble figure occupera toujours une place d'honneur dans la galerie des saints de l'Eglise protestante. Selon les frères Haag (*France protestante*, art. Sp.), rien n'était plus éloigné de l'hypocrisie que la piété de Spener, dont toutes les actions portent le cachet de la simplicité, de la candeur, d'une humilité vraiment chrétienne. Sa modestie n'était surpassée que par sa bonté; quoiqu'il ait été souvent la dupe de faux amis et d'intrigants, il ne se lassa jamais de faire le bien. La violence même de ses ennemis ne put le faire sortir de son caractère : « Ils se laissent aveugler par leurs passions, disait-il, ils sont remplis de préjugés contre moi; mon devoir est de les éclairer et non de les faire rougir. » Aussi usa-t-il toujours de beaucoup de ménagements envers ses adversaires, et, même sur son lit de mort, il exhortait encore ses collègues à la tolérance et au pardon des injures.

En 1835, le deux-centième anniversaire de la naissance de Spener fut célébré avec un certain éclat à Strasbourg d'abord, dans la grande salle des cours du séminaire protestant, puis dans le temple de Ribeauvillé.

SOURCES. Il nous faudrait des pages pour indiquer les nombreuses études consacrées à Spener. On nous saura gré de signaler spécialement d'une part le joli et impartial volume de M. Rathgeber : *Spener et le réveil religieux de son époque*. Paris, 1868, 226 p. petit in-8º; de l'autre, en fait d'ouvrages allemands, Hossbach, *Leben Spener's*. 2ᵉ édit., 1853. Excellents articles dans l'*Encyclopédie des sciences religieuses* publiée par M. Lichtenberger, Paris, chez Fischbacher, et dans la *Real-Encyclopedie* de Herzog, Gotha.

CASIMIR von RATHSAMHAUSEN,

Fürst-Abt des vereinten Ritter-Stiftes Murbach u. Lüders, gestorben zu Gebweiler den 1ten Jänner 1786 im 88ten Jahr seines Alters.

ANT. MEYER, PHOTOG. COLMAR DÉPOSÉ

RATHSAMHAUSEN, Casimir-Frédéric

RATHSAMHAUSEN (DE)
CASIMIR-FRÉDÉRIC

EN religion Léger de Rathsamhausen fut l'avant-dernier prince-abbé de Murbach. Il naquit à Strasbourg, le 17 janvier 1698, de Wolfgang-Théodoric, baron de Rathsamhausen d'Ehenweyer, et de Frédérique-Dorothée, baronne de Schauenbourg. Après de brillantes études au pensionnat des jésuites de Molsheim et au séminaire épiscopal de Strasbourg, il entra au noviciat de Murbach, à l'âge de dix-huit ans. Il fit profession le 24 avril 1718, administra Murbach comme coadjuteur de 1737 à 1756, devint abbé le 27 juin 1756 et mourut le 1er janvier 1786. Des circonstances impérieuses l'obligèrent à consentir à la sécularisation de l'abbaye, qui fut prononcée par une bulle du pape Clément VIII, datée du 11 août 1764. Casimir de Rathsamhausen fut un orateur distingué et un savant théologien. La sainteté de sa vie et son immense charité lui acquirent une vénération qui alla bien au-delà des frontières de l'Alsace. Dans le seul bailliage de Guebwiller, Lautenbach-Zell, Bühl et Bergholtz lui durent leurs églises; les boiseries du chœur de l'ancienne église de Saint-Léger à Guebwiller proviennent de sa libéralité. L'église du Chapitre, aujourd'hui l'église de Notre-Dame, fut l'œuvre capitale de sa vie, celle qui occupa ses trente dernières années. Sa bienfaisance était inépuisable. « Veuves privées de ressources, dit son biographe Durosoy, époux surchargés de famille, vieillards et orphelins, pauvres mendiants et pauvres honteux, ceux dont une infirmité enchaînait les talents, ceux dont une maladie consumait les épargnes, ceux dont un malheur avait renversé la fortune, sa charité embrassait les indigents de toutes les espèces et leur portait des secours de tous les genres. Blé de ses greniers, vin de ses celliers, mets de sa table, remèdes, argents, bois, habits, il donna tout selon les besoins et les conjonctures. Il remettait ce qu'on avait de la peine à lui payer, il acquittait une partie des impôts, il fournissait aux locations, il payait les mois d'école des enfants, il aida quelques jeunes gens à étudier, il fit apprendre des métiers à un plus grand nombre. » Treize ans avant sa mort, Casimir fit vendre son équipage, et céda à l'hôpital de Guebwiller le seul immeuble qui lui restait, un grand pré que l'hôpital possède encore. Il avait coutume d'envoyer tous les dimanches un louis d'or à l'hôpital; une seule fois il envoya ce louis d'or un samedi; ce fut la veille de sa mort. Son testament institua l'hôpital de Guebwiller son héritier universel. Dans ce testament, Casimir demandait d'être enterré au cimetière commun, au pied du crucifix, sans aucune pompe funèbre; ceux qui portaient les morts de l'hôpital devaient le porter à sa dernière demeure; il refusait tout monument et toute épitaphe. Le chapitre équestral crut ne pas devoir exécuter la dernière partie des volontés du prince-abbé, et le 4 janvier 1786, la dépouille mortelle de Casimir fut confiée au caveau de l'église du chapitre.

PFEFFEL, Christian-Frédéric

PFEFFEL, Christian-Frédéric

JURISCONSULTE et diplomate, naquit à Colmar, le 3 octobre 1726. Son père, Jean-Conrad Pfeffel, fils d'un pasteur badois, était lui-même un jurisconsulte distingué, pour qui fut créée la place de jurisconsulte du roi de France; à sa mort, arrivée en 1738, il remplissait à Colmar les fonctions de stettmeister. Christian-Frédéric Pfeffel fit ses études à Strasbourg sous les auspices de Schœpflin, qu'il aida ensuite dans la composition de l'*Alsatia illustrata*. Nommé secrétaire d'ambassade, il publia en 1754 un *Abrégé chronologique de l'Histoire du droit public de l'Allemagne*, qui fut justement remarqué et parvint à sa 4ᵉ édition. Pfeffel se rendit, peu après, à Dresde, y conquit l'amitié du comte de Brühl, ministre de l'électeur du roi de Pologne, et y accepta, avec l'autorisation de Louis XV, le titre de conseiller d'ambassade, qui, dans la pensée de son protecteur, devait préluder à celui de directeur des affaires étrangères de Saxe. Il fut chargé en cette qualité de plusieurs négociations au commencement de la guerre de sept ans et s'en acquitta avec habileté. Toutefois, sa carrière ne s'étant pas dessinée en Saxe aussi nettement qu'il l'avait espéré, il rentra en France; en 1758, le cardinal de Bernis l'envoya à Ratisbonne en qualité de chargé d'affaires auprès de la Diète. Cinq ans après, Pfeffel obtint de nouveau l'autorisation de s'attacher à une cour étrangère, d'ailleurs intimement unie à la France; il devint résident du duc de Deux-Ponts à la cour de

Bavière, et la classe d'histoire de l'Académie de Munich tint immédiatement à honneur de se l'attacher comme membre, puis comme directeur. En 1768, Pfeffel fut rappelé à Versailles pour être attaché au Ministère des affaires étrangères en la même qualité de jurisconsulte du roi qu'avait eue son père. Il exerça cet emploi avec une véritable distinction jusqu'en 1792, ce qui ne l'empêcha pas d'ailleurs de retourner assez fréquemment et assez longuement à Colmar pour y être élevé à la dignité de stettmeistre; il avait obtenu pour son fils Christian-Hubert la survivance de sa charge de jurisconsulte du roi. Chargé en 1790 par le ministre français d'aller à Deux-Ponts pour le règlement des indemnités dues au duc et aux autres princes allemands dont les possessions alsaciennes avaient été définitivement annexées à la France, il se trouvait encore dans cette ville lorsque l'on dressa les listes d'émigrés. Bien qu'il se fût hâté de rentrer à Colmar, il ne s'en vit pas moins maintenu sur la liste et frustré de ses biens. Il retourna alors à Deux-Ponts, où le duc le tenait en haute estime et l'employa dans la direction de ses affaires, puis alla passer quelques années à Nuremberg, et ne revint en Alsace qu'après l'établissement du gouvernement consulaire. Il dut à Talleyrand la croix de la Légion d'honneur, presque à la création de l'ordre, et une place dans la commission mixte de l'octroi du Rhin, qu'il occupait encore lorsqu'il mourut le 19 mars 1807 à l'âge de 81 ans. Il a laissé, outre son *Abrégé*, un grand nombre de dissertations concernant les unes, les droits du pape sur Avignon, les autres, l'histoire de Bavière et de Pologne.

Christian-Frédéric Pfeffel est le frère aîné du célèbre poète aveugle Théophile-Conrad Pfeffel, dont les fables, classiques en Allemagne, n'auraient pas probablement en France, ni même dans l'Alsace de nos jours, leur juste notoriété sans l'élégante traduction en vers français que M. Paul Lehr en a donnée en 1840 et en 1850.

Le fils de Christian-Frédéric émigra avec son père, mais resta en Bavière, s'y fit naturaliser, et occupa au service de sa nouvelle patrie les postes diplomatiques les plus élevés. Ses descendants y fleurissent encore.

ERNEST LEHR.

SOURCES : Notice, par Ph. de Golbéry, dans l'*Annuaire du Haut-Rhin* pour 1843; *Notice biographique* sur Th. C. Pfeffel par Paul Lehr (en tête de sa traduction des *Fables et Poésies choisies*); *Biographie nouvelle des contemporains*, Paris, 1827, t. XVI; *Freiherrl. Taschenbuch*, Gotha, 1859.

ANT. MEYER, PHOTOG. COLMAR — DÉPOSÉ

SIEGFRIED, Jules

SIEGFRIED, JULES

EST né à Mulhouse le 12 février 1837. Son père J.-J. Siegfried, négociant, avait voyagé de 1825 à 1833 en Perse et au Mexique pour y vendre les produits de l'industrie mulhousienne; sa mère était fille de François-Joseph Blech, chef de la maison d'impressions Blech-Fries et Cie. Dès sa plus tendre enfance, le jeune Siegfried, entendant souvent parler de voyages lointains, manifeste le désir de parcourir le monde, mais une grave maladie de son père le retient à Mulhouse où à l'âge de 15 ans, ayant à peine ébauché ses études, il entre dans la maison de commerce de son père. En 1861, ayant économisé quelques mille francs sur ses modestes appointements, et passé un an en Angleterre, il supplie son père de l'autoriser à faire un voyage aux Etats-Unis. Il assiste là aux débuts de la guerre de sécession, et d'un coup d'œil sûr, il entrevoit que cette guerre fratricide sera de longue durée. Il en tire la conséquence, que pendant bien des années l'industrie cotonnière de l'Europe sera privée de sa matière première et que ceux qui seront les premiers à chercher, dans d'autres pays, le coton qui va manquer, ont de belles chances de réussite.

De retour en France, en 1862, il fonde avec son frère Jacques et grâce à une commandite qui leur est faite par quelques parents et amis, une maison de commerce au Havre, avec succursale à Bombay. Son frère prend la direction de la maison du Havre, lui part pour les Indes.

Les affaires de la maison Siegfried frères et Cie prennent une grande importance et sont couronnées de succès. A la fois, actifs, énergiques et prudents, qualités toutes alsaciennes, ils voient leurs affaires s'étendre de plus en plus et sont bientôt à la tête de cinq comptoirs, au Havre, à Bombay, à Liverpool, à New-Orléans et à Savannah.

La réussite des frères Siegfried ne les enorgueillit pas, mais ils brûlent du désir de rendre quelques services à leur pays et à cette Alsace qu'ils chérissent et qu'ils admirent. Ils pensent que cette forte race alsacienne, intelligente, active, persévérante, sérieuse, a tout ce qu'il faut pour réussir et pour enlever aux Anglais le monopole des grandes affaires, à la seule condition d'avoir une éducation commerciale pratique et variée.

Ayant l'ambition de faciliter aux autres ce qu'ils ont si bien fait eux-mêmes, ils fondent en 1867, à Mulhouse, l'*Ecole supérieure de commerce*, dont ils arrêtent eux-mêmes, d'accord avec la Société industrielle, l'organisation et les programmes. Ils lui font don, à cet effet, d'une somme de 100,000 fr.

Peu après, Jules Siegfried, qui a toujours été attiré par les questions philanthropiques et sociales, et qui les a étudiées de près pendant ses voyages, veut faire quelque chose pour la population ouvrière de sa ville natale, et offre en 1868 à la Société industrielle une somme de 100,000 fr. pour la création d'un *Cercle d'ouvriers* ayant pour but le bien-être social, matériel et moral des travailleurs. Peu après, il se marie avec Mlle Puaux, fille d'un ancien pasteur de Mulhouse et va se fixer au Havre.

Mais voici la fatale guerre de 1870 et l'effondrement de l'Empire. En vrai descendant de l'ancienne République de Mulhouse, Jules Siegfried connu pour ses opinions démocratiques et libérales est nommé, *conseiller municipal*, puis *premier adjoint au maire du Havre*. Il travaille activement à la mise en état de défense de la ville, qui grâce au patriotisme de ses habitants et à l'énergie de ses autorités parvient à échapper à l'ennemi.

La fatale annexion de l'Alsace le fixe définitivement, lui et toute sa famille, au Havre dont il devient l'un des hommes les plus marquants. *Membre de la Chambre de commerce*, il contribue au développement des affaires commerciales et maritimes en réclamant, sans relâche, l'agrandissement du port, la création de nouvelles lignes de chemin de fer, l'abaissement des tarifs, enfin la création de la Bourse.

Président du groupe Havrais de la ligue de l'Enseignement, il jette les bases de la réorganisation primaire au Havre et poursuit sans relâche la construction et la bonne organisation pédagogique des écoles communales.

Président et l'un des fondateurs de la Société des *Cités ouvrières* du Havre, il y réalise avec ses amis, sur une échelle plus modeste, la belle œuvre de Jean Dollfus à Mulhouse.

Il fonde avec son frère Jacques et les principaux négociants de la place, l'*Ecole supérieure de Commerce* du Havre et contribue en même temps à la fondation de l'*Ecole libre des sciences politiques de Paris* et du journal l'*Economiste Français*.

M. Thiers, lors de son passage au Havre, en 1873, le nomme chevalier de la Légion d'honneur, mais peu après le gouvernement du 24 mai le révoque de ses fonctions municipales. En 1875, il fonde avec quelques amis, le *Cercle Franklin*, institution philanthropique et sociale sur le modèle des Working men's clubs anglais. Peu après, il publie un ouvrage sur la *Misère* qui est récompensé par l'Académie des sciences morales et politiques.

En 1877, il lutte contre le gouvernement du 16 mai et combat un candidat légitimiste dans la troisième circonscription du Havre. Attaqué à outrance par l'administration réactionnaire, il est battu à une faible majorité, mais quelques mois après il est nommé *conseiller général* de la Seine-Inférieure pour le canton de Bolbec. Il fonde dans ce centre industriel une seconde société de *Cités ouvrières* avec le concours des principaux manufacturiers. En 1878, il est nommé *maire du Havre*, position qu'il occupe depuis lors. En 1880, il fonde une société de *Bains et lavoirs publics* à bon marché, pour la population laborieuse.

Mais vers la fin de cette année, ébranlé par un travail opiniâtre, il est pris d'un affreux typhus. A l'agonie déjà, il est sauvé miraculeusement par l'opération de la transfusion du sang, qui est pratiquée avec succès sur lui, par le célèbre Dr Gibert.

Après une longue convalescence il revient à l'Hôtel-de-Ville du Havre acclamé de tous, et après avoir organisé, sur des bases solides, l'instruction du peuple, après avoir développé l'assistance publique par la création d'un nouvel hôpital, après avoir contribué à la fondation d'un Bureau d'hygiène, il s'occupe activement de l'assainissement de la ville.

C'est dans sa maison, située sur la côte d'Ingouville, en face d'une vue admirable sur la mer et l'entrée du port, que Gambetta a prononcé en 1881, ces paroles à l'adresse de l'Alsace. « Il y a « longtemps que j'eusse quitté la politique sans « cette illustre captive l'Alsace, qui est toujours « présente à ma mémoire. »

Voilà en quelques mots la biographie de cet homme encore jeune, dont la carrière n'est pas terminée, nous l'espérons, pour l'Alsace et pour la France.

ANT. MEYER, PHOTOG. COLMAR — DÉPOSÉ

WALDNER DE FREUNDSTEIN, Godefroy

WALDNER DE FREUNDSTEIN
GODEFROY (Comte de)

ÉNÉRAL de brigade, commandeur de la Légion d'honneur, fils de César, comte de Waldner de Freundstein, commandant de la Cavalerie en retraite, officier de la Légion d'honneur, et de Clémence Kœchlin, né à Mulhouse (Haut-Rhin), le 7 août 1824, neveu du comte de Waldner, général de division sous le gouvernement de juillet, entra à l'Ecole spéciale militaire de Saint-Cyr le 4 décembre 1844, à l'âge de vingt ans, et y fut nommé caporal le 24 novembre 1845. Sorti de cette école le 1er octobre 1846, après deux années de bonnes études, il rejoignit à Mulhouse, comme sous-lieutenant, le 18e régiment d'infanterie légère. A Paris en 1848, il combattit aux sanglantes journées de juin et en 1850, le 23 mai, il fut nommé lieutenant. Il passa alors au 41e de ligne puis fut détaché de son nouveau régiment à l'école de Saint-Cyr, comme officier instructeur. Promu capitaine au tour du choix, le 23 décembre 1853, il fut envoyé au 10e léger et bientôt après vint comme officier d'ordonnance auprès de S. A. I. le prince Jérôme, oncle de l'Empereur Napoléon III, qu'il quittait pour faire, avec son régiment, la campagne de Crimée, division Dulac, devenue division de Failly. Chevalier de la Légion d'honneur le 16 juin 1855, après la prise des Ouvrages blancs et du Mamelon vert le 7 juin, il avait été mis à l'ordre de l'armée, le même jour. A son retour de Crimée, en 1856, la campagne terminée, il passa officier d'ordonnance du prince Napoléon. Il resta auprès de ce dernier jusqu'à sa nomination au grade de chef de bataillon, le 14 mars 1859. Il vint alors prendre au 11e de ligne le commandement d'un bataillon, à Grenoble. Son régiment fit la campagne d'Italie à la 1re brigade (Vergé), de la 1re division (Bourbaki), du 3e corps (maréchal Canrobert). En 1859 M. de Waldner, après Magenta, passa au commandement du 19e bataillon de chasseurs à pied, à trente-trois ans, et fut fait officier de la Légion d'honneur le 14 mars 1861, à une revue de l'Empereur et par suite de ses propositions en Italie. Successivement au camp de Châlons, à Douay, à Lyon, il passa, le 12 août 1866, lieutenant-colonel au 38e de ligne, à Marseille, puis colonel le 15 juillet 1870, étant en Afrique, à Alger. Il fut rappelé en France, au moment de la guerre contre l'Allemagne et fit cette campagne à Metz, comme colonel du 55e de ligne, 1re division Vergé, brigade Valazé, 1re du 2e corps, général Frossard, combattit à Spicheren, où son lieutenant-colonel fut blessé et fait prisonnier. Il combattit à Rézonville, où le commandant Chanon fut tué; à Saint-Privat où il défendit le Point-du-Jour, avec le 3e bataillon de chasseurs à pied et le 55e de ligne, ayant à sa gauche la brigade Jolivet. Ce jour-là, le commandant Millot, depuis commandant de place de Paris, fut blessé. Le commandant Dameï, le 3e chef de bataillon, passa lieutenant-colonel du 8e de ligne, 2e corps.

Le colonel de Waldner, après quinze jours de campagne, restait seul officier supérieur valide du 55e régiment, avec lequel il finit la campagne et fut emmené prisonnier.

Nommé commandeur de la Légion d'honneur pour ces faits, le 15 septembre 1870, il ne fut confirmé qu'à sa rentrée de captivité le 20 avril 1871.

Après la conclusion de la paix et lors de la lutte contre la Commune, le colonel de Waldner, avec son régiment le 17ᵉ provisoire, devenu plus tard le 117ᵉ de ligne, vint à l'armée de Versailles, à la division Garnier, corps Clinchant, puis resta à l'armée de Paris.

En 1874, à la dissolution des armées de l'intérieur, le 117ᵉ passa à la 16ᵉ brigade d'infanterie (8ᵉ division, 4ᵉ corps) à Paris. Le 21 août 1877, M. de Waldner reçut les épaulettes de général de brigade, et resta quelque temps en disponibilité. Il eut en 1878, le commandement de la 13ᵉ brigade d'infanterie, 4ᵉ corps, à Paris, puis à Laval. Il fut mis une seconde fois en disponibilité. Il reçut, en 1880, l'ordre de se rendre à Clermont-Ferrand pour y prendre le commandement de la 52ᵉ brigade d'infanterie (26ᵉ division, 13ᵉ corps) et celui des subdivisions de région de Clermont, de Montbrison et de Riom. Il suivit cette brigade en 1881, à l'armée de Lyon.

SOURCES. *Panthéon de la Légion d'honneur.*

ANT. MEYER, PHOTOG. COLMAR — DÉPOSÉ

BARONNE H.-L. D'OBERKIRCH

OBERKIRCH (Baronne d')

HENRIETTE-LOUISE de Waldner-Freundstein naquit le 5 juin 1754, au château de Schweighausen (Haut-Rhin) de François-Louis baron de Waldner et d'une Berckheim, de la branche de Ribeauvillé. Elle fut baptisée le 7 à l'église paroissiale de Mulhouse dans la foi évangélique. Sa mère étant morte jeune, elle fut élevée par sa marraine, madame Eve de Wurmser. Ses quinze ans se faisaient sentir; elle aspirait à voir le monde, à rencontrer des compagnes de son âge, avec lesquelles elle pût rire et causer. Elle était grande et on lui trouvait l'air distingué, son visage était bien, malgré une santé délicate... elle fut invitée à venir à la cour de Montbéliard. Le duc avait trois filles, dont l'aînée, Dorothée, qui devait monter sur le trône des czars, traita Mlle de Waldner comme sa sœur et son égale. Elle lui prodigua tout ce que l'affection et la confiance ont de plus tendre et lui permit de l'aimer autant qu'elle était aimée d'elle. Depuis cette année 1769 Henriette-Louise devint la commensale presque habituelle du château de Montbéliard. Elle y restait tout le temps des absences de son père et souvent même avec lui. Elle faisait à la princesse la lecture en français et en allemand, et la princesse la reprenait lorsqu'elle prononçait mal ou se servait dans la conversation d'une locution vicieuse. En 1776 M. de Waldner vint à Strasbourg. Sa fille se plaisait beaucoup dans cette ville, la société y était charmante et nombreuse. Gœthe lui adressa sa *Claudine* avec une lettre d'envoi où il la classait parmi les belles âmes. Il fut question à cette époque de son mariage avec M. d'Oberkirch. Le baron Siegfried d'Oberkirch, chef de la branche protestante de sa famille, parut un parti convenable. Il avait servi comme capitaine dans Royal-Deux-Ponts et quitté l'armée pour être conseiller noble de la chambre des Quinze au sénat de Strasbourg. Le grand jour arriva, Mlle de Waldner était fort parée avec des dentelles d'Angleterre, elle portait une robe de point de Venise sur une jupe de dauphine blanche. En sortant du temple on alla à l'hôtel d'Oberkirch, rue de la Nuée Bleue, près la place St.-Pierre-le-jeune, entre l'hôtel du grand prévôt de la Cathédrale et l'hôtel du gouvernement. La mariée devait l'habiter avec sa belle-mère née de Buch. Bientôt son amie Dorothée se maria avec le grand-duc Paul de Russie, mais elle fut obligée d'embrasser la religion grecque et baptisée sous le nom de Marie-Fœdorowna. « J'en ai gémi dans le fond de mon âme, mais c'était une condition indispensable et Dieu l'appellera à lui, à la fin de sa belle vie, malgré son signe de croix à gauche et son culte pour les images. » Il y avait des accommodements avec cette rigidité dont elle parle quelques pages plus haut. Elle continuait à correspondre avec les gens d'esprit, elle avait écrit une lettre aimable à Wieland, qui lui répondit de même. En 1781 eurent lieu les fêtes de l'anniversaire de la réunion de Strasbourg à la France: « j'en ai soigneusement recueilli le récit, attendu qu'on ne verra plus les pareilles de cent ans, si on les voit. J'aime tout ce qui est rare et curieux. » Le 12 mai 1782 M. et Mme d'Oberkirch partirent pour Paris. On dîna à Lunéville, on coucha à Nancy : « je ne sais si je ne préfère pas Strasbourg. Nous sommes moins élégants, plus sérieux, c'est vrai, mais nous sommes aussi, ce me semble, plus dignes, plus suivis dans notre genre d'esprit. Il est très facile d'être honnêtes gens dans un pays comme le nôtre, où les tentations manquent, où les mœurs sont sévères, où la moindre inconséquence est punie d'un blâme universel. A Nancy, comme à Paris, comme à la cour, la vie est tout autre; les plaisirs et la galanterie y sont la grande occupation; les personnes graves et retenues y sont traitées de prudes. » M. et Mme d'Oberkirch descendirent chez l'oncle de Henriette, le comte de Waldner, qui demeurait à la Chaussée d'Antin. Ils furent bientôt rejoints par le grand-duc Paul et la grande-duchesse Marie. Alors commence une série de fêtes et de réceptions dont il faut lire le récit dans les *Mémoires*. « Il y a deux espèces de convives: ceux du dîner et ceux du souper; ceux du dîner sont souvent, presque toujours (quand ce ne sont pas des amis) des personnes sérieuses, âgées, des obligations, des ennuyeux même; on dîne facilement en ville, pour peu qu'on ait une société un peu étendue. Mais le souper, c'est différent; il faut des qualités très difficiles à réunir, dont la plus indispensable est l'esprit. Sans esprit, sans élégance, sans la science du monde, des anecdotes, des mille riens qui composent les nouvelles, il ne faut pas songer à être admis dans ces réunions pleines de charmes. Là seulement on cause; on cause sur les propos les plus légers, par conséquent les plus difficiles à soutenir; c'est une véritable mousse qui s'évapore et qui ne laisse rien après elle, mais dont la saveur est pleine d'agrément. Une fois qu'on en a goûté, le reste paraît fade et sans aucun goût. »

Mme d'Oberkirch revit Paris en 1784. Si elle avait perdu le bonheur de se trouver avec la comtesse du Nord, elle rencontrait dans la duchesse de Bourbon beaucoup de bonté, de bienveillance et un vrai désir de lui être agréable. Si l'une était l'amie de son cœur, l'autre était son amie d'esprit. Dès les premiers jours elle vit Mme de Dietrich née Ochs. Mme de Dietrich, femme de l'ammeister, sa cousine, était une femme aimable. « Il n'y a que trois femmes sérieusement et véritablement charmantes de conversation dans toute l'Alsace, disait M. le cardinal de Rohan; ce sont Mmes de Dietrich, de Berckheim de Schoppenwihr et d'Oberkirch; les autres parlent et ne causent point. » « Mgr. l'évêque, ajoute Mme d'Oberkirch, était bien gracieux de me mettre sur cette liste si triée, ma vanité s'en flatte et ma modestie repoussa cette distinction. Il se peut que j'aime la conversation et que je la recherche, ce n'est encore que la moitié du chemin. » Plus loin elle dira : « L'esprit est un don si charmant de la nature, il fait pardonner tant de choses! Rien n'est plus vrai que ce proverbe; il y a manière de tout dire et de tout faire. » En 1786 Mme d'Oberkirch fit un troisième voyage à Paris. A son retour elle passa l'été à Quatzenheim, qui était un alleu des nobles d'Oberkirch depuis 1714. Les *Mémoires* de la baronne se terminent avec la prise de la Bastille. Elle-même mourut en 1803 laissant ces souvenirs, qui n'ont été publiés que cinquante ans après, par le comte de Montbrison, son petit-fils, avec assez de négligence. Le livre néanmoins reste un recueil de délicieux récits où passent tour à tour tous les héros du moment; princes et généraux, sorciers et comédiens, grandes dames et danseuses, académiciens et modistes, musiciens et poètes : l'histoire et le roman, le drame et le vaudeville, l'élégie et la chanson, le dithyrambe et le pamphlet; toute la gloire, tout l'esprit, toute la grâce d'un temps où Paris et la France donnaient le ton à l'Europe.

P. R<small>ISTELHUBER</small>.

ANT. MEYER, PHOTOG. COLMAR   DÉPOSÉ

STŒBER, Auguste

STŒBER, Auguste

Né à Strasbourg, le 9 juillet 1808, est le fils aîné du poète Ehrenfried Stœber. Il fit ses études primaires sous Strobel, l'auteur de l'Histoire d'Alsace en 6 volumes, ses études secondaires au Gymnase et en 1834 il obtint le grade de bachelier en théologie par la soutenance d'une thèse sur la vie et les sermons de Geiler de Kaysersberg. Instituteur privé à Oberbronn de 1833 à 1838, directeur de la classe supérieure des filles à Bouxwiller de 1838 à 1841, il fut nommé, en septembre de cette dernière année, professeur de sixième au collège de Mulhouse. En 1857 il devint bibliothécaire-adjoint et en 1861 bibliothécaire en chef de la ville, en 1882 il fut nommé bibliothécaire honoraire. En 1873 il avait été nommé conservateur du Musée historique de Mulhouse et en 1878 président du Comité d'administration du même Musée. En 1864 le ministre Duruy lui envoya les palmes d'officier d'académie; en 1878, au soixante-dixième anniversaire de sa naissance, la faculté de philosophie de l'Université de Strasbourg le proclama docteur *honoris causâ*. Stœber est à considérer sous deux faces, celle du poète, celle de l'historien-philologue. Le poète a été fort bien jugé par Nic. Martin dans ses *Poètes contemporains*, Paris 1860 : « le talent d'Aug. Stœber est sérieux et spirituellement gracieux tour à tour. La langue dont il se sert a été trempée aux pures sources : bon nombre de ses morceaux lyriques ne seraient pas désavoués par Uhland... Son inspiration se distingue surtout par un certain entrain vif et gai. Il ne tombe ni dans la mélancolie efféminée ni dans la métaphysique nuageuse : sa chanson est virile, elle sort d'une poitrine pleine et vibrante, où joie, désir, espoir, regret, réveillent des notes également sonores. »

L'historien et le philologue ont fait le sujet d'une étude de M. Bavelaër dans le *Journal de Mulhouse* des 25 mai et 2 juin 1876 : « Sachons-lui gré d'avoir fait pour l'Alsace ce que H. Conscience, le romancier, a fait pour la Flandre. De même que ce dernier se plaçait à la tête d'une école nouvelle en Belgique et se dévouait à un mouvement qui tendait à reprendre les errements de sa littérature nationale, de même M. Stœber et ses collaborateurs ont conservé à notre pays toute une littérature alsacienne qui n'a rien à envier aux autres activités littéraires qui avaient pour but de venir en aide aux meilleures traditions des peuples... C'était une œuvre méritoire que de préparer les voies à cette entente, tardive, mais nécessaire, entre l'histoire et la légende, qui s'entrevoit à toutes les profondeurs du passé, que les Niebuhr, les Creuzer, les Quinet ont saluée dans d'impérissables travaux... M. Stœber et les vaillants ouvriers qu'il a su enrôler sous sa bannière, ont fait pour notre Alsace ce que les frères Grimm et d'autres avaient accompli pour l'Allemagne; ils ont su compléter une œuvre commune destinée à éclairer d'un jour nouveau notre histoire bornée jusque-là aux horizons connus de l'enseignement classique. »

PRINCIPALES PUBLICATIONS

Essai sur la vie et les sermons de Geiler de Kaysersberg. Strasb. 1834.

Alsabilder. Vaterländische Sagen und Geschichten Strasb. 1836, 8º. (Avec son frère Adolphe St.)

Erwinia, ein Blatt zur Belehrung und Unterhaltung. Strasb. 1838 et 1839, in-4⁰.

Elsässisches Sagenbuch. Strasb. 1842, 8⁰, mit 12 Stahlstichen, v. Klein, petit in-folio.

Elsässisches Volksbüchlein. Strasb. 1842, 8⁰. — 2ᵉ édition, 1ᵉʳ volume, *Kinderwelt*. Mülh. 1859, 8.

Gedichte. Strasb. 1842, 8⁰. — 2ᵉ édition, Mülh. 1867, 8⁰.

Der Dichter Lenz u. Friederike von Sesenheim. Basel, 1842, in-8⁰.

Elsässische Neujahrsblätter (avec Fr. Otte). Strasb. 1843; Basel, 1844-1848, 6 vol. in-8⁰, avec portraits d'Alsaciens illustres.

Neujahrsstollen für 1850. Mülh. 8⁰; en 2ᵉ édition sous le titre:

Alsatia, Jahrbuch für elsässische Geschichte, Sage, Alterthumskunde etc. Mülh. 1850-1876, 11 vol. 8⁰.

Die Sagen des Elsasses, etc. *nach den Volksüberlieferungen u. den Chroniken.* St. Gallen 1852 et 1858, 8⁰.

Der Actuar Salzmann, Gœthe's Freund u. Tischgenosse. Mülh. 1855. 8⁰.

Notice historique sur le Klapperstein de Mulhouse. Colmar 1856. 8⁰.

Zur Geschichte des Volksaberglaubens im Anfang des 16. Jahrh. Basel 1856. 8⁰.

Der Kochersberg. Mülh. 1857. 16⁰.

L'école militaire de Colmar pendant les années 1776-1779. Notice tirée des mémoires mss. de Chr. Hub. Pfeffel, suivie de lettres inédites du poète, son oncle. Mulh. 1859. In-12.

Der Hünerhubel, ein gallisches Hügelgrab bei Rixheim etc. Mülh. 1859. 16⁰.

G. C. Pfeffel's Epistel an die Nachwelt, mit 24 ungedruckten Briefen desselben. Colmar 1859. 8⁰.

Das vordere Illthal, mit Abbild. d. Schlosses Brunstatt u. e. Kärtchen. Mülh. 1861.

E Firobe im è Sundgauer Wirthshüs, Volksscenen, componirt von Heyberger. Mülh. 1865 u. 1868. (Représenté au théâtre de Mulhouse, par la Société chorale *Concordia*, les 27, 29 et 30 avril 1868, et au théâtre de Colmar le 13 juin 1869; — traduit en patois-français par M. Jeanmougin.)

Aus alten Zeiten. Allerlei über Land u. Leute i. Elsass. Mülh. 1872. 8⁰.

Curiosités de voyages en Alsace, tirées d'auteurs français, allemands et anglais, du 16⁰ au 19ᵉ siècle. Colmar 1874. 8⁰.

Drei-Aehren. Gedichte. Mülh. 1873; 2ᵉ éd. Strasb. 1877.

Das Städtchen Wattweiler i. Oberelsass. Mülh. 1873.

Erzähhungen, Humoresken u. Volksgeschichten. Mülh. 1873.

Joh. Gottfr. Rœderer u. s. Freunde, mit ungedruckten Briefen v. Gœthe, Schlosser, Lavater etc. Colmar 1874.

Die bürgerlichen Aufstände in Mülhausen am Ende des 16. Jahrh. Mülh. 1874.

Der Klapperstein u. andere Strafarten für Fluchen etc. 2e éd. Mülh. 1876. 8º.

Pages inédites pour servir à l'histoire des pénalités de l'ancienne république de Mulhouse. 1877. 8º.

Cadeaux officiels faits par le magistrat de la république de Mulhouse au 16º, 17e et 18º siècle. 1877. 8º.

Notice biographique sur J.-A. Michel. Mulh. 1877 8º.

G. C. Pfeffel's Verdienste um Erziehung, Schule u. Kirche, u. andere gemeinnützige Werke. Strasb. 1878. 8º.

Notes sur les recteurs de l'université de Bâle d'origine alsacienne. Mulh. 1879. 8º.

Recherches biographiques et littéraires sur les étudiants mulhousiens immatriculés à l'université de Bâle, de 1460 à 1805. Mulh. 1880, 2e éd. 8º.

Jérôme Gemuseus de Mulhouse, philologue, philosophe et médecin, (1505-1544). Mulh. 1881.

Petite Revue d'ex-libris alsaciens. Avec un fac-simile de l'ex-libris de C. Wolfhardt, dit Lycosthènes, de Roufach (1518-1561). Mulh. 1881, in-12.

· *J. G. Stoffel. Lebensbild eines oberelsäss. Gelehrten*, mit Portrait. Strasb. 1881. 8º. (Traduit en français par L. Rœsch, directeur du télégraphe à Belfort 8º. *Revue d'Alsace*, avril 1881)

D'Gschichte vom millhüser un basler Sprichwort: «D'r Fürstelberger vergesse», mit 'm Porträt vom Verf. u. 5 *Illustratione zuem Text von Mathias Kohler*. Mülh. 1882, br.

On trouve des notices biographiques et littéraires sur Stœber dans :

Heinr. Kurz, Geschichte der deutschen Litteratur. Leipzig, 2. Aufl., 1873, Bd. IV.

Fr. Brœmmer, Deutsches Dichter-Lexikon. Eichstätt u. Stuttgart, 1877, Bd. II.

Fr. Bornmüller, Biographisches Schriftsteller-Lexikon der Gegenwart. Leipz., 1882.

Conversations-Lexikon von Brockhaus. Leipz. (différ. éditions).

Conversations-Lexikon von Meyer. Hildburghausen (dernières éditions).

Vapereau, Dictionnaire des contemporains.

Glæser, Biographie nationale des contemporains.

Rod. Reuss, Vieux noms et rues nouvelles de Strasbourg.

ANT. MEYER, PHOTOG. COLMAR   DÉPOSÉ

KIRSCHLEGER, Frédéric

KIRSCHLEGER, Frédéric

Est né à Munster le 7 janvier 1804. En 1817 ses parents le mirent en pension chez M. Redslob, professeur, au séminaire protestant de Strasbourg. Il montra de bonne heure du goût pour la pharmacie et vers la fin de 1820 il fut placé comme élève à Ribeauvillé. En 1823 il alla suivre les cours de médecine à Strasbourg et travailla sous la direction de Nestler, pharmacien en chef des hospices. A la fin de 1827 il se rendit à Paris, il revint à Strasbourg soutenir le 3 février 1829, sa thèse de docteur en médecine. Il s'établit d'abord dans sa ville natale. En 1830 la Société industrielle de Mulhouse lui demanda sa collaboration pour la *Statistique générale du Haut-Rhin* qu'elle avait entreprise. Le travail qu'il fournit à cet effet sous le titre de *Statistique de la flore de l'Alsace et des Vosges*, est déjà une œuvre noble. En 1834 il s'établit à Strasbourg et lors de la réorganisation de l'école de pharmacie (1835) il fut nommé professeur de botanique médicale. En 1845 il concourut avec succès pour l'agrégation à la faculté de médecine et en 1846 il obtint le grade de docteur ès-sciences.

Profitant des renseignements recueillis dans ses nombreuses excursions, il commença en 1850 la publication de sa *Flore d'Alsace* dont le second volume parut en 1857 et le troisième en 1862. Une seconde édition en 2 vol. in-12 fut mise en vente en 1870 sous le titre de *Flore vogéso-rhénane*, après la mort de l'auteur. Elle était terminée par M. J. Ph. Becker, de Mulhouse, mais il faut regretter que l'exécution typographique en soit si imparfaite.

Kirschleger conçut encore une autre œuvre; il

fonda la Société philomatique vogéso-rhénane et pour faire suite à la *Flore d'Alsace* il publia les *Annales* de cette société. Neuf fascicules parurent de 1863 à 1868, mais chacun d'eux renferme les matériaux condensés d'un gros volume. Les *Mémoires de la Société des sciences naturelles* renferment également quelques petits travaux de lui, entre autres une notice sur les violettes de la vallée du Rhin. Il inséra diverses notices de tératologie végétale dans le *Bulletin de la Société botanique de France*, il fit pour l'ouvrage du Dr. Bach la flore des environs de Soultzmatt, enfin il organisa en 1863 l'exposition pharmaceutique faite à l'Orangerie de Strasbourg. Il collabora au *Samstagsblatt* d'Otte, ainsi qu'à l'*Alsatia* de Stœber. Le *Courrier du Bas-Rhin* le compta aussi parmi ses collaborateurs, et même le *Moniteur officiel* du Bas-Rhin: Kirschleger était botaniste et non homme politique. Très populaire du reste. « Autour de Strasbourg comme dans les montagnes des Vosges, tout le monde le connaissait; il devait cette popularité non seulement à ses rapports avec les campagnards et à sa manière d'être affectueux à leur égard, mais aussi à ses publications... Ses articles sont écrits d'un style simple, mais toujours clair et attachant; il y a une certaine bonhomie dans l'exposition, parfois un grain de malice dans la critique... » (Faudel).

Kirschleger mourut le 15 novembre 1869. Son buste en marbre, œuvre de Grass, a été placé à l'Ecole de pharmacie, théâtre de ses travaux et de son long professorat. La liste de ses publications est trop longue pour être donnée ici.   P. R.

SOURCES : *Courrier du Bas-Rhin* du 16 novembre 1869; *Bulletin de la Société botanique de France*, t. IV, t. V, t. IX; Delbos, *Bulletin de la Soc. ind. de Mulhouse*, t. XXIX; Brongniart, *Rapport sur les progrès de la botanique phytographique*, Paris 1868; Faudel, *Notice biographique*, Colmar 1872.

ANT. MEYER, PHOTOG. COLMAR DÉPOSÉ

MARTIN, Charles

MARTIN, Charles

NAQUIT à Turckheim, le 27 juin 1822. Il fit de brillantes études au petit séminaire de Strasbourg, puis se présenta au grand, où il étonna ses maîtres par son application et la maturité de son jugement. Au mois d'octobre 1846 il fut admis à l'Ecole des Carmes de Paris et en 1848 il fut licencié ès-lettres.

Il revint ensuite en Alsace et fonctionna d'abord au pensionnat Rossé. Ordonné prêtre le 23 décembre, il fut rappelé à l'Ecole des Carmes comme professeur de littérature ancienne. A la fin de l'année scolaire il accompagna le directeur, M. Cruice, en Angleterre et en Irlande, pays où il passa quelques semaines.

En 1851, Mgr Ræss forma le projet de doter le Haut-Rhin d'un collège libre et fit des ouvertures à M. Martin, qu'il se proposait de mettre à la tête de cette maison. Le 20 septembre 1852, le nouveau directeur entra en fonctions : on se contenta, les cinq premières années, des modestes bâtiments de l'ancien hôtel de l'*Ange*, rue Vauban, 8. En 1857, Mgr de Strasbourg acheta de ses propres deniers, pour la somme de 140,000 francs, les bâtiments occupés avant la révolution par un couvent de capucins. Des agrandissements notables et successifs portèrent depuis à près de 400,000 fr. la valeur de cette propriété, dans laquelle le collège libre se développa rapidement et put atteindre un chiffre de 200 pensionnaires et de 120 externes. Les distinctions vinrent trouver M. Martin : il fut nommé successivement membre du Conseil départemental de l'instruction et chanoine honoraire de la cathédrale. En février 1870, il fut appelé à présider la réunion des chefs d'établissements libres de l'est à Nancy et s'associa à leurs vœux en faveur de la liberté d'enseignement. Vint la guerre et les mesures de destruction de l'enseignement libre. La gravité des circonstances, les dangers auxquels son collège allait être exposé, donnèrent à l'activité de M. Martin un caractère fiévreux et maladif. Le 7 décembre 1872, le *Journal officiel* publia le texte du projet de loi qui plaçait sous la surveillance et la direction de l'Etat tout enseignement primaire et secondaire. C'était l'arrêt de mort du collège; c'en était trop pour la constitution affaiblie de son directeur. Il essaya du climat de Cannes, mais au bout de trois semaines il expira, on était au 21 mars 1873. Voici la liste de ses publications : 1° *De l'usage des auteurs profanes dans l'enseignement chrétien*, Paris 1852, in-8°; 2° *Rapport sur les deux premières années du collège libre*, Paris 1854, in-8°; 3° *Les deux Germanies cis-rhénanes*, Paris 1863; 4° *Des oies sauvages, par le P. Bach, et Argentovaria, par Coste*, examen de ces brochures, Paris 1864, in-8°; 5° *L'Instruction publique en France*, Paris 1864, in-8°; 6° *Questions alsaciennes à propos de l'histoire de J. César*, Paris 1867; 7° *Le collège*, discours, Strasbourg 1867, in-8°; 8° *Deux lettres à M. Liblin*, Strasbourg 1868 et 1869, enfin des articles dans l'*Ami de la Religion*, la *Revue catholique* et l'*Ouvrier*.

A propos du n° 4, nous dirons que M. Martin a eu tort d'adopter l'étymologie d'Argentoratum (*des oies le passage*) proposée par le P. Bach. Quant à l'étude sur *Argentovaria*, où M. Martin remplace Horbourg par Ohnenheim ou Grussenheim, son pieux biographe, M. Merklen, a lui-même dit : « pour des raisons que l'exiguïté de mon cadre ne me permet pas de développer, mais que je sais partagées par de bons esprits, je continue à incliner pour Horbourg ». P. R.

KŒCHLIN-SCHLUMBERGER, Joseph

KOECHLIN-SCHLUMBERGER
JOSEPH
(1796—1863)

EST né à Mulhouse le 6 décembre 1796. Il a rendu à l'Alsace d'importants services comme fabricant, comme magistrat, comme naturaliste. Un des promoteurs de cette industrie cotonnière aujourd'hui si puissamment développée dans le pays, il a beaucoup contribué aux progrès de la filature du coton comme à ceux de l'impression sur étoffes. Comme maire de Mulhouse, il a doté sa ville natale de travaux et d'institutions aussi utiles que remarquables, avec les seules ressources de l'initiative privée et au moyen de souscriptions publiques. Ses études d'histoire naturelle enfin, particulièrement son livre sur le *Terrain de transition des Vosges* et sa *Description géologique du département du Haut-Rhin*, fruit de loisirs où le repos apparaît seulement comme un changement de travail, jouissent dans le monde savant, d'une réputation d'exactitude justement méritée.

Après avoir fait sa première éducation à l'école de Pestalozzi, en Suisse, à une époque où Mulhouse n'avait encore d'autre moyen d'instruction qu'une simple école primaire, Joseph Kœchlin dut poursuivre seul ses études supérieures. Chez Pestalozzi on n'apprenait ni grec, ni latin : les langues vivantes, les mathématiques élémentaires, la géographie composaient presque tout le fond des leçons. Ce que le maître voulait, ce n'était pas de surcharger la mémoire, mais plutôt de fortifier le jugement de ses élèves par des exercices intellectuels, par l'observation de la nature, à l'aide d'interrogations fréquentes et de courses multipliées au dehors. Rentré dans sa famille, à peine âgé de quinze ans, le jeune homme s'appliqua à compléter son instruction de son mouvement propre, par l'étude des sciences physiques, de la mécanique, du dessin. La génération d'élite, qui a fait la grandeur de l'industrie manufacturière d'Alsace, en était réduite à ses ressources individuelles pour s'élever : elle s'éleva avec d'autant plus de force qu'elle ne comptait que sur elle-même.

On le sait, la fabrication des toiles peintes, introduite à Mulhouse vers le milieu du siècle dernier, eut pour effet de susciter en Alsace la filature et le tissage du coton. Dans l'origine les étoffes pour l'impression venaient de la Suisse; mais les manufacturiers alsaciens ne tardèrent pas à se demander pourquoi ils iraient acheter ailleurs les cotonnades qu'ils pourraient eux-mêmes fabriquer avec avantage. Filatures et tissages s'élevèrent ainsi en mesure des besoins autour des ateliers de toiles peintes. La première filature de coton fut construite à Wesserling en 1803. Joseph Kœchlin s'adonna d'abord à cette branche et dirigea de 1818 à 1822 une filature à Soultzmatt. La prospérité de cet établissement, sous son habile direction, le fit ensuite appeler à Mulhouse pour y monter des ateliers plus importants. Grâce aux ingénieurs exercés, aux ateliers de construction que nous tenons sous la main, une pareille entreprise ne présente aucune difficulté de nos jours. Il y a cinquante ans la situation était différente. Alors on devait chercher en Angleterre les machines par pièces détachées à cause de la prohibition sur les mécanismes complets. Ces pièces, on les réunissait comme on pouvait, suppléant à celles qui manquaient, commandant des engrenages dans un atelier, les arbres de transmission dans un autre, créant des moteurs dont la force et le rendement étaient encore mal connus. Réussir sans ces conditions est chose impossible sans une grande capacité, sans efforts soutenus. Joseph Kœchlin s'appliqua pourtant si bien qu'un des chefs de la maison, M. Schlumberger, fit de lui son associé immédiat, après lui avoir donné une de ses filles en mariage. Peu de temps après, ses aptitudes industrielles trouvèrent à se manifester avec un égal avantage dans l'organisation d'une grande fabrique de toiles peintes.

Vers la même époque, en 1826, surgit l'idée d'une association entre les principaux chefs de l'industrie alsacienne afin d'étudier en commun les moyens susceptibles de faire progresser les arts industriels. La Société industrielle de Mulhouse fut créée et Kœchlin-Schlumberger prit une part active à sa fondation, à ses travaux. Nommé ensuite maire de Mulhouse et membre du Conseil général du Haut-Rhin, nous le voyons donner en chaque circonstance des preuves de son ardent dévouement et d'un zèle désintéressé pour la chose publique. Lors de l'émeute qui éclata en 1847, à cause de la cherté du pain, puis pendant l'organisation des ateliers nationaux en 1848, après la révolution de février, il impose aussi aux fauteurs de désordre par la fermeté de son attitude. Tandis que les ateliers nationaux organisés à Paris ne produisirent aucun résultat utile, la municipalité de Mulhouse sut tirer parti des siens pour l'amélioration de ses canaux. Plus que tout autre, Kœchlin-Schlumberger se voua au développement des établissements d'instruction. Sous son administration, les salles d'asile furent multipliées, les écoles primaires agrandies. La ville lui doit la création de l'école professionnelle, destinée aux jeunes gens qui se vouent aux carrières de l'industrie. Cet établissement obtint dès l'abord un succès tel, que les élèves lui venaient de tous les pays d'Europe. L'école supérieure des sciences appliquées est également son œuvre. Vinrent enfin les cours gratuits du soir destinés à mettre à la portée des ouvriers les éléments des sciences et de la littérature.

Esto vir! Sois homme, dit la sagesse antique. Etre homme dans la pleine acception du mot, un homme complet, cet idéal, Joseph Kœchlin-Schlumberger l'a réalisé dans toute la force du terme. Laborieux et habile, doué richement de toutes les qualités de son état, il réussit dans toutes ses entreprises industrielles. La fortune rémunéra son travail, sans pourtant l'attacher à l'argent, sans lui donner le souci ni la préoccupation d'accroître sa richesse outre mesure. Les affaires publiques le touchaient autant que les siennes propres. Un homme de bien ne peut agir ni penser autrement. Avec la conscience d'accomplir son devoir en toute circonstance, il a su se rendre utile aux autres et laisse quelques œuvres qui lui survivent, après avoir vu la considération publique l'entourer d'une véritable auréole vers la fin de sa carrière. Et les dernières années de cette carrière, l'éminent industriel les a consacrées à la science, à l'étude. Ses études portent particulièrement sur la géologie de l'Alsace. Son ouvrage sur le terrain de transition des Vosges, riche de faits et d'observations recueillies avec soin pendant des courses multipliées au milieu de nos montagnes, sera toujours consulté comme un document important pour la théorie du métamorphisme des roches. Pendant ses explorations, le Conseil général du Haut-Rhin le chargea de dresser la carte géologique du département. Ayant dû rendre compte à la Société d'histoire naturelle de Colmar des travaux géologiques de Kœchlin-Schlumberger (*Bulletin de la Société d'histoire naturelle*, année 1874, pages 283 et suivantes), nous n'y reviendrons pas ici. Rappelons seulement que la mort surprit subitement ce savant distingué et modeste, le 25 octobre 1863, avant qu'il eût pu achever ce dernier travail, laissant à un collaborateur dévoué le soin de terminer sa tâche. Le musée de la Société industrielle de Mulhouse hérita de ses riches collections d'un si grand intérêt pour la géologie de l'Alsace. L'Alsace de son côté honorera toujours la mémoire de cet homme de bien.

CHARLES GRAD.

ANT. MEYER PHOTOG. COLMAR DÉPOSÉ

ERNST, Amélie

ERNST, Amélie

Naquit à Mutzig, le 14 avril 1834. Encore enfant, elle se plaisait à réciter des vers français; livrée à sa propre inspiration, elle disait les périodes vibrantes du grand Corneille avec un enthousiasme d'un autre âge, mais aussi avec l'accent des bords du Rhin. Elle eut le bonheur, pour corriger ce défaut de prononciation, de recevoir durant deux années des leçons de Mlle Mars (1847-1848) et plus tard des leçons de Provost au Conservatoire, où elle remporta un prix de tragédie qui lui valut ses débuts au Théâtre français en 1850. Elle parut, sous le nom de Siona Lévy, dans les jeunes rôles tragiques, à côté de Mlle Rachel. Quelques mois plus tard, elle prit le grand emploi tragique à l'Odéon, où elle joua deux hivers. Un chagrin de famille lui fit quitter le théâtre, elle abjura le mosaïsme et la juive Siona devint la chrétienne Amélie.

Dans un voyage à Genève, elle rencontra le compositeur violoniste Ernst, qu'elle épousa en 1854. Bientôt après cette union, une maladie cruelle, à laquelle Ernst succomba à Nice en 1865, vint absorber tous les instants de la jeune femme et interrompit durant dix années sa carrière, dont les débuts avaient été si brillants.

Le désir de perpétuer son souvenir inspira sa veuve. Elle devint sculpteur d'instinct et put modeler elle-même la tombe de son mari. Vers la fin de 1866, Mme Ernst revint de Nice à Paris pour faire couler en bronze l'œuvre que son cœur lui avait inspirée.

L'Athénée venait de s'ouvrir aux orateurs. Elle

y fit sa première conférence pour répondre à M. Deschanel, qui avait rabaissé les femmes de Corneille au profit des femmes de Shakespeare. Les encouragements lui arrivèrent de toutes parts, la presse l'acclama, le ministre de l'instruction publique lui témoigna sa sympathie. On ne croyait plus à Paris qu'au succès des refrains de Thérésa et des opérettes d'Offenbach. M*me* Ernst eut le bonheur de prouver qu'on savait aimer autre chose en France et de réveiller le goût de la véritable poésie et des grandes pensées exprimées en beaux vers. C'est à la suite de ces succès incontestés que le ministre ouvrit à M*me* Ernst les portes de la Sorbonne (1869). Elle y produisit le plus grand effet.

« Une opulente chevelure noire, a dit un poète [1], encadre de longues boucles un front intelligent et ferme, un visage aux traits accentués dont l'énergie se tempère par cette douceur profonde du regard qui fait songer à la candeur magnétique de la Mignon de Gœthe. Pour l'attitude, pour la noblesse du port et du geste, elle rappelle également la Corinne de Mme de Staël, à laquelle un poète contemporain l'a comparée en des hexamètres reconnaissants. Sa voix a le timbre vibrant et porte loin. Cette voix a des éclats de sonorité, des véhémences qui traduisent avec une ampleur passionnée les rugissements d'Hermione et les imprécations de Camille. Mme Ernst joue presque en les disant, ces fragments de tragédie.

« Dans une de ces conférences à la salle Gerson, elle a pour ainsi dire fait la biographie de Lamartine avec les vers mêmes du poète et raconté sa vie en récitant simplement quelques-unes de ses poésies. On ne pouvait mieux louer le poète que de nous le reproduire ainsi se traduisant lui-même, aux différentes phases de son existence, dans les vers où s'est épanchée une âme sereine et désintéressée entre toutes. »

A propos du costume de M*me* Ernst, qui est noir et dans lequel elle se drape, les bras nus, voici une anecdote :

Le lendemain d'une de ses premières lectures, Mme Ernst reçoit la visite d'un écrivain qu'une heure de poésie avait enthousiasmé. « Madame, dit l'écrivain, je tiens à vous féliciter. C'est admirable. Seulement... laissez-moi vous donner un conseil d'ami... à l'avenir, portez des manches plus longues. » Et comme Mme Ernst répliquait qu'elle devait avoir le geste libre : « Oui, je sais bien, continue l'écrivain, mais, sur la scène, pour vous je rêverais une tenue sévère... Vous êtes trop décolletée! » Ce vertueux écrivain, c'était Adolphe Belot. A quelque

[1] M. Lacaussade.

temps de là il offre à Mme Ernst ses œuvres complètes avec une dédicace émue : « Oh ! mon cher M. Belot, dit Mme Ernst, vous n'y songez pas, voyons. » Puis souriant : « Vous êtes beaucoup trop décolleté ! »

Mme Amélie Ernst a coudoyé les grands et les petits ; elle garde une collection de lettres qui sont de l'histoire en pattes de mouche. Ici c'est Th. Gautier qui lui adresse le *Premier sourire du printemps ;* là c'est Heine qui la supplie de venir lui dire du Musset à son lit de mort ; ailleurs c'est un billet qui lui apprend que Mlle de Montijo a fait queue au Théâtre français pendant une heure pour l'entendre débuter.

Invitée un soir chez Pradier pour manger la fameuse truite du lac que la ville de Genève envoyait tous les ans au sculpteur, elle dit tout le rôle de la reine Dona Maria, tandis que V. Hugo lui donne la réplique pour Ruy Blas.

Il serait étrange que dans ce commerce intime de tous les jours avec la poésie qu'elle sent et comprend si bien, Mme Ernst ne fût pas devenue poète elle-même ; elle l'est aussi, car elle a publié en 1873 les *Rimes françaises d'une Alsacienne*, un volume de vers délicats et charmants qui montre surabondamment tout ce qui se cache de cœur et d'âme et aussi de grâce sous ce talent magistral. Le sentiment qui domine dans ces pages, c'est la mélancolie, une mélancolie qui n'a rien de factice ni de banal et qui jaillit du fond d'un cœur blessé comme d'une source troublée et amère : le temps et de beaux succès ne semblent pas la pouvoir atténuer.

Au mois d'août 1878 Mme Ernst prêta, en même temps que Mounet-Sully et Mme Favart, son concours aux belles fêtes qui eurent lieu à Mâcon pour l'inauguration de la statue de Lamartine ; elle déclama : Fido, fragment de *Jocelyn*, et l'Epitaphe de Lamartine, par Tisseur. En 1881, elle donnait des séances à Lille, lorsque l'agent de la Société des auteurs, compositeurs et éditeurs de musique émit la prétention de percevoir un droit sur la recette, à raison de l'interprétation de certaines œuvres faisant partie de son répertoire. Le tribunal de Lille et la cour de Douai déclarèrent cette demande non recevable, aucune disposition des statuts de la société ne visant la déclamation de paroles sans musique[1].

Dans ces derniers temps, Mme Ernst a confié aux journaux quelques pages de ses souvenirs, nous ne pouvons que l'engager à continuer, sans renoncer d'ailleurs à son apostolat poétique.

Les rhapsodes, au dire de l'histoire, parcouraient les villes et les bourgades de la Grèce récitant à la foule les poèmes d'Homère et entretenant ainsi dans les âmes le goût et le culte de la poésie. Par ses lectures publiques, Mme Ernst remplit une mission analogue. La tâche qu'elle s'est imposée est celle d'un rhapsode moderne, s'ingéniant à populariser, à répandre au sein des masses les richesses de notre poésie nationale, qui jusqu'à ce jour sont fatalement restées le privilége du petit nombre. Parmi ces richesses la poésie lyrique est la moins connue, aussi féliciterons-nous Mme Ernst d'avoir surtout porté de ce côté les efforts et le zèle de sa propagande.

P. RISTELHUBER.

SOURCES : Cauvin dans le *Galoubet* de Marseille. — Alex. Hepp, *Voltaire* du 20 juillet 1882. — Plaidoirie de Me Laroze pour Mme Ernst, Paris, imp. Balitout, 1882.

---

[1] Me Laroze, avocat de Mme Ernst, et après lui MM. Bataille, du *Figaro*, et Hepp, du *Voltaire*, ont avancé par erreur qu'elle avait été condamnée, pour des vers, à quatre mois de forteresse.

ANT. MEYER, PHOTOG. COLMAR   DÉPOSÉ

BLEICHER, Marie-Gustave

BLEICHER, Marie-Gustave

BLEICHER, Marie-Gustave, né à Colmar le 16 décembre 1838, a fait ses études médicales, comme élève militaire, à la Faculté de Strasbourg, où il fut reçu docteur en décembre 1862.

Après un stage d'une année au Val-de-Grâce, il est envoyé à Rome en qualité d'aide-major aux hôpitaux du corps expéditionnaire.

De 1866 à 1869, attaché au 5ᵉ bataillon de chasseurs, à Toulouse, où il se fait recevoir licencié ès-sciences.

Nommé au concours (mars 1869) répétiteur d'histoire naturelle à l'Ecole de santé, à Strasbourg, il y passe le siège comme médecin des ambulances de l'hôpital militaire.

Vers la fin de 1870, il reprend ses fonctions de répétiteur à l'Ecole de santé transférée à Montpellier et soutient, en cette ville, sa thèse de docteur ès-sciences.

En octobre 1872, il est envoyé en Algérie, où il occupe divers postes jusqu'en février 1876. En 1875, M. Bleicher fut désigné pour accompagner, à titre de médecin naturaliste, l'ambassade française envoyée auprès de l'empereur du Maroc.

L'année suivante, il obtint la chaire d'histoire naturelle à l'Ecole supérieure de pharmacie de Nancy.

On verra, par la liste de ses publications, que, partout où il a séjourné, M. Bleicher s'est appliqué à conquérir de nouveaux grades universitaires et à étudier la contrée sous divers points de vue : *médecine* et *hygiène*, *anthropologie* et *archéologie préhistorique*, *botanique*, *minéralogie*, et surtout *paléontologie* et *géologie stratigraphique*.

TITRES

Docteur en médecine. Strasbourg 1862.
Licencié ès-sciences. Toulouse 1867.
Pharmacien de première classe. Strasbourg 1870.
Docteur ès-sciences naturelles. Montpellier 1870.
Officier d'académie. 1875.
Chevalier de la Légion d'honneur. 1875.
Professeur d'histoire naturelle à Nancy. 1876.
Médecin-major de première classe. 1878.
Officier de l'instruction publique. 1883.
Président de la *Société des sciences naturelles de Nancy*.
Vice-président de la *Société de géographie de l'Est*.
Membre honoraire de la *Société d'histoire naturelle de Colmar*.
Membre correspondant de la *Société industrielle de Mulhouse*, de l'*Académie de Montpellier*.
Membre titulaire de la *Société géologique de France*, de l'*Académie Stanislas* à Nancy, etc.

PUBLICATIONS

La plupart des travaux de M. Bleicher ont paru dans les recueils scientifiques suivants :

A. Comptes-rendus de l'Académie des sciences.
B. Bulletin de la Société géologique de France.
C. Bulletin de la Société d'histoire naturelle de Colmar.
D. Bulletin de la Société des sciences de Nancy.
E. Revue des sciences naturelles à Montpellier.
F. Revue scientifique paraissant à Paris.
G. Recueil de médecine militaire.
H. Association française pour l'avancement des sciences.
I. Annales des mines.
K. Annales des sciences géologiques.
L. Bulletin de la Société de climatologie d'Alger.
M. Matériaux pour l'histoire de l'homme, etc.

1862. Théorie des rapports botanico-chimiques. Strasb., in-4°.
Thèse de docteur en médecine.

1864. Monographie géol. du Mont-Sacré. Ancienneté de l'homme dans la vallée de l'Anio. Pl. (C).
1865. Lettre à M. de Verneuil sur le diluvium des environs de Rome. — Sur une dent d'*Elephas antiquus* de ce diluvium. (B).
1866. Sur le terrain quaternaire des environs de Rome.
— Etude sur l'ancienneté de l'homme dans le Latium ; terrain quaternaire marin des côtes du Latium ; faune et flore quat. du Tibre et de l'Arno. (B).
— Excursions archéol. aux environs de Rome. (G).
1867. La géographie botanique du camp de Châlons. (G).
— Géologie des environs de Rome. (Revue brit)
1869. Découverte de plantes dans le tuf volcanique du Limburg au Kayserstuhl. (C)
— De la reproduction chez les êtres organisés inférieurs. Strasb., in-4º.
— Influence du sol sur l'hygiène du soldat au camp de Launemezan. (G).
1870. Essai de géologie comparée des Pyrénées, du plateau central et des Vosges. Thèse de doct. ès-sciences naturelles (C).
1871. Etudes de géologie pratique des environs de Montpellier : jurassique, crétacé et tertiaire. (E).
— Des diff. modes d'observation en géologie stratigraphique. Conférence. (F)
— Sur la faune et la flore de l'horizon lacustre bathonien du revers S. et S.-O. du plateau central. (A).
1872. Sur un gisement de Diatomées quaternaires aux environs de Rome. — En collabor. avec M. GUÉNAU. (E).
— Bassins secondaires et tertiaires de la région sous-cévennique. Conférence (F).
— Horizon lacustre et fluviatile de l'oolithe inf. du midi de la France. (B)
— Passage du jurassique au crétacé dans le département de l'Hérault. (Soc. géol. Réunion extraord. à Digne.)
— Présence de la *Posidonia minuta* dans le trias de l'Aveyron et des *Walchia* dans le permien. (A).
— Paléontologie de l'oolithe inf. des bords S. et S.-O du plateau central. (I).
1874. Matériaux pour servir à l'histoire du Crétacé inf. de l'Hérault. (B).
— Terrains tertiaires lacustres de l'Hérault (K., t. V).
— Sur la géologie du Maroc. (B).
— Lettre sur le Maroc. (E).
— Une mission au Maroc : ethnographie histoire naturelle, géologie, etc. Conférence. (F).
1875. Note sur la géologie des environs d'Oran. (B).
— Gisements de polypiers du terrain miocène de la province d'Oran. (B).
— Origine des éléments lithologiques des terrains tert. et quart. des environs d'Oran. (E).
— Le terrain tertiaire sup des env. d'Oran. (E).
— Recherches d'archéologie préhist. dans la province d'Oran et au Maroc. (M).

1875. Découverte de stations préhist. aux env. de Tlemcen et de la Djiddionia. (L).
— Tlemcen et ses environs, 4 liv., sous les pseudonymes de E. de LORRAL. (Tour du Monde.)
1878. Les fécules. Thèse. Nancy, Berger-Levrault, in-4º.
— Essai sur les temps préhist. en Alsace. (D).
1879. Enceinte avec blocs vitrifiés au Hartmanswillerkopf. Mémoire lu à la réunion des Sociétés savantes à la Sorbonne. (C).
1877-79. Résumé des communications faites sur l'ethnographie et l'histoire nat. de l'Algérie et du Maroc. — Découverte d'un silex taillé dans les alluvions quat. des environs de Nancy. (D).
1880 Découverte d'un horizon fossilifère de poissons, insectes, et plantes dans le tongrien de la Haute-Alsace. (B).
— Etudes de géol. comparée sur le quaternaire d'Italie, d'Algérie, du Maroc, de l'Est de la France et de l'Alsace. (H. Congrès de Reims.)
— Nouvelle application du microscope à l'archéologie préhistorique. (Idem.)
1881. Terrains antérieurs au jurassique dans la province d'Oran, avec coupes microscopiques de roches. (B).
— Recherches stratigr. et paléont. sur le lias sup. et l'oolithe inf. de la province d'Oran. (H. Congrès d'Alger.)
— Saïda et le sud de la province d'Oran. (Soc. géogr. de l'Est).
— Sur l'étage bathonien des environs de Nancy. (D).
1882. Découverte du carbonifère marin en Haute-Alsace. (A).
— Sur le carbonifère marin de la Haute-Alsace; ses relations avec le Culm. En collab. avec M. M. MIEG. (A).
— Minerai de fer de l'oolithe inf. et de la grande oolithe du dép. de Meurthe-et-Moselle. (B).
— Etude sur la flore de l'oolithe inf. des env. de Nancy, avec planches. En collab. avec M. le prof. FLICHE. (D).
— Résumé des communications relatives au minerai de fer des environs de Nancy. (D).
1883. Etudes microscopiques de la roche de Thélod et du basalte d'Essey, avec pl. (D).
— Nancy avant l'histoire. Discours de réception à l'Académie Stanislas. (Rev. scient. du 27 octobre).
1877-83. Excursions géol. et bot. faites avec ses élèves. Autogr. avec plans.
1878-83. Matériaux pour une étude préhistorique de l'Alsace, av. pl.; en collabor. avec M. le Dr FAUDEL. — I. Instruments en pierre. — II. Monuments mégalithiques. — Supplément aux deux premières parties et Conclusions. (C).

STURM, Jean

STURM, Jean

Est né à Sleida, le 1er octobre 1507. Il commença ses études dans son pays et les continua à Liége, avec les fils du comte de Manderscheid, dont son père était le trésorier, puis à Louvain, où il dressa une imprimerie avec Rudger Rescius. Eckstein ne connaît, comme produit de cet établissement, que les *Mémorables* de Xénophon, 1529, et met en doute l'édition d'Homère qui fut attribuée à Sturm. Celui-ci alla ensuite à Paris et y demeura huit ans, pendant lesquels il fut auditeur des professeurs de l'Université, étudia la médecine et fit enfin des leçons publiques en éloquence et en logique. Il s'y maria aussi avec Jeanne Ponderia, comme il la nomme lui-même dans son *Anti-Pappus* (Jeanne Lepois), et vécut vingt ans avec elle. Il tint des pensionnaires, mais comme il goûta ce qu'on appelait les nouvelles opinions, il se vit plus d'une fois en danger et, sur le conseil de Bucer, il vint à Strasbourg, où l'on s'occupait de la fondation d'une école pour l'enseignement secondaire. Le 22 mars 1537, cette école fut ouverte dans le couvent des Dominicains, et la direction de ce gymnase fut confiée à Sturm, qui ne la quitta que peu de temps avant sa mort.

La nouvelle école fut divisée en deux sections : l'une pour les enfants, l'autre pour les adolescents. Les cours d'études dans la première étaient de neuf ans et de cinq ans dans la seconde. Les élèves reçus dans l'école dès l'âge de six ans, étaient promus chaque année à une classe supérieure après une distribution solennelle de prix, en présence des parents et des autorités. A seize ans, l'élève passait dans la seconde section, où s'enseignaient la jurisprudence, la médecine, les mathématiques, la philosophie, les langues anciennes, la poésie et la rhétorique. Afin de développer le talent oratoire, Sturm fonda des cours publics de déclamation, enfin, pour entretenir le zèle des maîtres, il établit des conférences où devaient se discuter les intérêts de l'école et les méthodes d'enseignement. On lui a reproché d'avoir sacrifié l'allemand au latin, mais le latin était la langue de la diplomatie, des chancelleries, des cours de justice; d'ailleurs il n'était pas exclusif, il appelle les Cicéroniens *inflati et tumidi*, les Erasmiens *impuri et inconcinni*, il s'élevait à la fois contre les *Philippistes* (sectateurs de Mélanchthon) et les *Adagiastes*, qui ne parlaient que par adages.

Ses talents ne furent pas renfermés dans l'enceinte de l'école; il fut chargé très souvent de députations en Allemagne et aux pays étrangers, et il s'acquitta de ces emplois avec toute sorte d'honneur et de vigilance. En 1555, l'empereur Charles-Quint lui donna des lettres de noblesse.

L'empereur Maximilien II lui accorda plusieurs immunités et privilèges. Il fut ami de François Ier et d'Henri II ; des personnages comme Bembo, Sadolet, Budé, Ramus, entretinrent avec lui un commerce affectueux.

Son esprit de tolérance, l'égalité de son humeur le tenaient toujours éloigné des disputes théologiques ; il ouvrait sa maison à toutes les victimes des persécutions religieuses ; il leur sacrifia même ce qu'il possédait. La prédilection qu'il avait pour la confession helvétique lui suscita des ennemis parmi les théologiens luthériens. Osiander lui ayant reproché de n'avoir pas assisté une seule fois au culte depuis vingt ans : « Je ne vais pas à vos sermons, répondit Sturm, et vous prêcheriez trente ans à Strasbourg que je n'irais pas vous entendre, s'il fallait par mon silence approuver vos invectives ». Une lutte s'engagea contre Sturm, qui dura trois ans ; ayant presque tous les ministres et magistrats contre lui, il fut accablé d'injures : sous prétexte de rétablir la paix, on lui ôta le droit de se défendre et on le dépouilla du titre de recteur perpétuel, 1581. Sturm appela de cette sentence inique à la chambre de Spire, mais le procès traîna en longueur, il durait encore lorsque Sturm mourut. Celui-ci passa les dernières années de sa vie à sa campagne de Nordheim, canton de Wasselonne. Il avait eu précédemment un jardin à Bischheim. Il profitait de ses loisirs pour achever un traité sur la guerre contre les Turcs et correspondre avec Lazare de Schwendi, le général écrivain. Quoique marié pour la troisième fois, il était privé des joies de la famille. Il avait eu cinq enfants dont aucun n'atteignit l'âge d'un an. Sa seconde femme avait été Marguerite Wigand, belle-fille de Sapidus; la troisième, de la famille patricienne de Hohenburg, demeurait presque tojours en ville dans l'antique maison de la prévôté de St.-Thomas, où la retenaient les soins de ses pensionnaires. Sturm mourut à Strasbourg le 3 mars 1589. Il fut enterré au cimetière de St.-Gall, où, selon l'usage de la ville, on déposait les restes des hommes les plus distingués. Des vers furent composés pour louer ses mérites, par Th. de Bèze, par Henri Estienne et beaucoup d'autres.

SOURCES : *Manes Sturmiani*, Argent. 1590, in-8°. — Burckhardt, *De ling. lat. fatis*, 1713-1721, in-8°. — Hallbauer, *Diss. de meritis Sturmii*. Jenae 1734. — Bacmeister, *De J. Sturmii meritis in scholas Germanorum*, Gorlic. 1756. — Schmidt, *La vie et les travaux de Jean Sturm*, Strasb. 1855, in-8°. — Eckstein, dans les *Mémoires du congrès des philologues de Heidelberg, 1865.* Leipzig 1866, p. 64. — Kückelhahn, *J. Sturm, Strassburg's erster Schulrector*, Leipzig 1872 : « le mérite de M. K. consiste en une analyse soignée de certains écrits pédagogiques de J. Sturm », a dit la *Revue critique*, qui s'est trompée en rapportant le travail de Vœmel au XVIII° siècle : il est de 1826.

Photographie d'après la gravure de Jacques de Heyden.

ANT. MEYER, PHOTOG. COLMAR — DÉPOSÉ

ENGEL-DOLLFUS, Frédéric

ENGEL-DOLLFUS, Frédéric

Né à Cernay (Haute-Alsace), le 27 mars 1818, mort à Paris, à l'hôtel du Louvre, le 16 septembre 1883, inhumé à Mulhouse (Alsace), le 19 septembre 1883.

M. Frédéric Engel-Dollfus avait été nommé chevalier de l'ordre national de la Légion d'honneur par décret du 21 juin 1883 et proclamé Président d'honneur de la Société industrielle de Mulhouse, par un vote unanime émis par cette compagnie dans sa séance du 25 avril 1883.

A ces titres il joignait ceux : d'officier d'académie (décret du 26 novembre 1866), de membre correspondant, pour le département du Haut-Rhin, de la Société d'agriculture de France (26 juin 1872), de correspondant de la Société d'encouragement pour l'industrie nationale (25 juin 1875), de membre honoraire de la Société industrielle de la Basse-Autriche (Nieder-Oesterreichischer Gewerbe-Verein), à Vienne, décerné en assemblée plénière, le 22 décembre 1882.

Il remplissait en outre les fonctions de : Président de la Société d'encouragement à l'épargne, à Mulhouse ; Président de l'Association pour prévenir les accidents de machines, Mulhouse ; Président de la Société des arts, à Mulhouse ; vice-président du conseil d'administration de la Société de protection des apprentis et des enfants des manufactures, 44, rue de Rennes à Paris ; membre du conseil d'administration de l'Union des fabricants, à Paris ; vice-président de la Société et du Congrès scientifique des institutions de prévoyance à Paris.

M. Engel-Dollfus entra dans la maison Dollfus-

Mieg & Cie en 1843, après un séjour de quelques années fait au Hâvre et à l'étranger. Il contribua puissamment à la prospérité de cette maison, principalement par le développement considérable qu'il donna à l'industrie du fil à coudre, industrie dont il peut être considéré comme le fondateur en Alsace. Un établissement important de retorderie de fil, construit à Belfort en 1880, devint, à la suite des changements politiques et économiques, survenus en Alsace après la guerre de 1870, le complément de l'établissement du même genre exploité par la maison Dollfus-Mieg & Cie à Mulhouse.

M. Engel-Dollfus organisa dans les établissements Dollfus-Mieg & Cie les *caisses de secours et de retraite, les écoles et les salles d'asile*, et ces créations servirent de prélude aux éminents services que depuis il devait rendre sans interruption à la cause de l'humanité et du progrès.

C'est ainsi qu'en 1858 il fonda à ses frais à Mulhouse le *patronage de la chaussée de Dornach*, institution de bienfaisance ayant pour but de s'enquérir des besoins matériels et moraux de la population ouvrière avoisinante, et d'y subvenir dans la mesure des moyens mis à sa disposition.

Une maison du même genre a été construite et dotée par M. Engel dans le village de Dornach, il y a peu d'années.

En 1867 M. Engel-Dollfus fonda l'*Association de Mulhouse pour prévenir les accidents de machines*, société philanthropique dont les travaux eurent un grand retentissement dans les sphères industrielles de l'Europe et provoquèrent la fondation à Paris, à Rouen, à Gladbach et à Vienne de sociétés analogues, organisées sur le modèle de l'Association de Mulhouse, avec le concours de son promoteur.

Les merveilleux résultats obtenus par M. Engel-

Dollfus dans le domaine de la prévention des accidents de fabrique lui valurent à l'exposition universelle de 1878, la *grande médaille d'honneur*, récompense exceptionnelle décernée par tous les jurys réunis pour l'œuvre la plus saillante figurant à l'exposition.

En 1868 M. Engel-Dollfus fonda le premier *cercle ouvrier* de France et fit construire la *salle de réunion de Dornach*, édifice mis libéralement à la disposition des sociétés ouvrières pour des conférences, concerts, salles de lecture, et contenant encore la bibliothèque formée par M. Engel.

C'est aussi à cette époque qu'il donna sa collaboration à M. Jean Macé pour la formation des *bibliothèques communales* et des *cours d'adultes en France* et principalement dans le département du Haut-Rhin.

Toujours préoccupé de l'amélioration du sort des classes ouvrières, M. Engel accepta la présidence de la *Société d'encouragement à l'épargne* et de l'*Asile des invalides du travail*, institutions dont il avait été l'un des fondateurs.

Sa sollicitude s'étendant à toutes les questions intéressant les populations laborieuses, il devint le promoteur des *assurances collectives contre l'incendie* et se constitua l'organisateur de ce système d'assurances qui, très simple dans son fonctionnement, offre en même temps à l'ouvrier des conditions exceptionnelles de bon marché.

M. Engel-Dollfus couronna son œuvre en fondant à ses frais, à Mulhouse, un *dispensaire pour les enfants malades*, établissement où les enfants sont traités gratuitement sans y être hospitalisés et où ils reçoivent tous les soins compatibles avec un état de santé ne les obligeant pas à garder le lit. Pour l'achat des terrains, la construction et l'installation de ce dispensaire, il n'aura pas été dépensé, quand tout sera achevé, une somme inférieure à 300,000 francs.

L'activité bienfaisante de M. Engel n'a pas été moindre dans une autre branche d'idées. C'est ainsi qu'il contribua beaucoup à la fondation de la *nouvelle école de dessin* de la Société industrielle de Mulhouse, à la création de l'*école de filature et de tissage mécanique*, du *musée de dessin industriel* et de la *bibliothèque municipale* et finalement à la fondation du *nouveau musée* de la Société industrielle, dont il avait successivement enrichi les collections, à ses frais, de plus de quarante toiles très remarquables et qu'il dota en outre d'un cabinet d'estampes et d'un musée archéologique.

Amateur éclairé non seulement des arts, mais encore des lettres et des sciences, M. Engel ne cessa de leur prodiguer ses encouragements, et participa à la publication de divers ouvrages historiques et scientifiques. Il fonda en outre un *prix quinquennal* en mettant à la disposition de la Société industrielle de Mulhouse le capital nécessaire pour décerner tous les cinq ans une médaille d'honneur et une somme de 2500 francs à un ouvrage d'histoire locale ou d'économie sociale appliquée à l'industrie.

Le catalogue des livres manuscrits, cartons autographes, composant la bibliothèque de M. Engel-Dollfus, forme un beau volume in-8°, imprimé à Mulhouse, 1878.

Doué d'une remarquable puissance de travail, il menait de front la gestion des importantes affaires des grands établissements industriels dont il avait la direction, non seulement avec la satisfaction de ses goûts artistiques et des tendances humanitaires de son cœur, mais encore avec l'étude des questions d'intérêt général dont la solution devenait le plus souvent son partage en considération de ses aptitudes et de sa qualité de secrétaire du comité d'utilité publique de la Société industrielle. De nombreux rapports conçus dans ce style limpide et élégant qui lui était propre et publiés pour la plupart dans les bulletins de la Société industrielle, sont le témoignage des services rendus par M. Engel à l'industrie de son pays.

Les événements de 1870, à la suite desquels il opta pour la nationalité française (6 février 1872), lui fournirent encore plus d'une occasion de se dévouer à ses concitoyens. Il fit successivement partie de la *députation envoyée à Tours* au gouvernement de la défense nationale, de la *commission instituée en 1871 par la chambre de commerce de Mulhouse* pour la défense des intérêts alsaciens et finalement du *syndicat industriel alsacien*.

Il a été le *président du comité auxiliaire de Dornach de la Société de secours aux blessés* et malades des armées de terre et de mer, et fit preuve du plus grand dévouement en 1870, dans l'exercice de ses fonctions.

ANT. NETER, PHOTOG. COLMAR — DÉPOSÉ

STURM DE STURMECK, Jacques

STURM DE STURMECK, Jacques

STETTMEISTRE, ambassadeur et scolarque de la ville de Strasbourg, naquit dans cette ville le 10 août 1489, d'une famille ancienne et considérée, dont cinq membres avant lui avaient déjà exercé la magistrature suprême. Petit-fils par sa mère du célèbre ammeistre Pierre Schott, il fut confié sur sa recommandation à deux hommes qui comptent l'un et l'autre parmi les illustrations alsaciennes du temps : Jean Geiler de Kaysersberg et Jacques Wimpheling. Ce sont eux qui initièrent le jeune Sturm aux premiers éléments de la science et de la religion et firent de lui un homme de cœur, unissant à une profonde piété des connaissances sérieuses. Il alla, du reste, selon l'usage du temps, compléter ses études dans plusieurs universités étrangères : Heidelberg, Fribourg, Paris et Liège; il paraît même avoir donné quelques cours à Fribourg, et prononcé quelques sermons, mais il ne persista pas dans cette voie. Revenu à Strasbourg vers l'âge de 25 ans, il n'entra que relativement tard dans la magistrature locale : il avait 35 ans quand il fut élu *constoffler*, ce qui était le premier échelon. Mais il rattrapa promptement le temps perdu : dès 1525 il entrait au conseil des XV, l'année suivante au conseil des XIII, et au mois de janvier 1527 il succédait, en qualité de Stettmeistre, à Louis Bœcklin de Bœcklinsau, qui venait de mourir. Nous dirons tout de suite pour n'avoir pas à y revenir, qu'il exerça la régence en 1527, 1528, 1530, 1531, 1533, 1534,

1536, 1537. En 1539, où son tour de régence serait revenu, il céda sa place à son frère Pierre Sturm et ne reprit ses fonctions sédentaires que quand la dissolution de la ligue de Smalcalde eût mis un terme à ses incessantes missions diplomatiques. Réélu en 1549, il exerça la régence en 1549, 1550, 1551, 1552 et 1553, année de sa mort (30 octobre).

Dès 1529, Jacques Sturm fut l'ambassadeur ordinaire de la ville de Strasbourg dans toutes les délicates négociations où elle se trouva impliquée à cette époque si troublée, et un ambassadeur habile et écouté. On le trouve, cette année-là, d'abord en Suisse, puis à la diète de Spire, puis à Rothach et au colloque de Marbourg; en 1530, à la diète d'Augsbourg; en 1531, à Smalcalde; en 1532, à Schweinfurt; en 1533, de nouveau à Smalcalde; en 1535, à la diète de Worms; puis, les années suivantes, selon les fluctuations de la politique ou de la guerre, à Francfort, à Nuremberg, à Ulm, à Esslingen, à Eisenach, à Arnstadt, etc., près du roi de France ou près de l'Empereur, défendant pied à pied les intérêts de sa ville natale et de la liberté de conscience. Pour faire bien comprendre le rôle considérable joué dans ces innombrables réunions par l'éminent porte-paroles de la république de Strasbourg, il faudrait raconter par le menu l'histoire des vingt-cinq premières années de la Réformation en Allemagne. Il n'est pas un événement de quelque importance auquel il n'ait été directement mêlé. Qu'il suffise de dire que jusqu'au fameux *Intérim* d'Augsbourg de 1548, Sturm fut constamment sur la brèche et remplit en tout 91 ambassades.

Mais il n'a pas laissé une marque moins profonde comme administrateur, à l'intérieur même de la cité. Un des premiers résultats de la Réformation à Strasbourg avait été de développer dans toutes les classes de la population un ardent besoin d'instruction. Il fallut créer tout à la fois des écoles élémentaires pour le peuple et des cours plus élevés pour ceux qui aspiraient à servir l'Etat ou l'Eglise. En 1528, le Magistrat réussit à organiser des écoles publiques avec des maîtres salariés par la ville, et il constitua une commission de trois membres ou *scolarques*, qui devint en quelque sorte le ministère de l'instruction publique de Strasbourg. Jacques Sturm fut l'un des trois premiers scolarques choisis. Il s'occupa tout d'abord de créer des bourses au profit des jeunes gens pauvres. Puis il jeta les bases d'une bibliothèque publique en faisant transporter, en 1531, la plus grande partie de ses propres livres dans une salle du couvent des Dominicains, « à l'usage de la jeunesse studieuse ; » cette belle et riche collection se reconnaissait à un *ex libris* colorié, aux armes des Sturm, elle forma le premier fond de la bibliothèque du Séminaire protestant et fut anéantie avec elle dans la fatale nuit du 24 août 1870. Enfin il prit une part active à la création tant du Gymnase que de la Haute Ecole (1538) qui, vingt-huit ans après, devait être érigée en Académie et, au siècle suivant, en Université.

Sturm était un chétien profondément convaincu ; mais sa piété, large et éclairée, s'accommodait mal des subtilités théologiques, et il ne cessa de déplorer les querelles acharnées auxquelles on se livrait de son temps sur des questions relativement secondaires. Il savait d'ailleurs allier à une grande austérité et à une incomparable dignité, une bienveillance et une aménité parfaites. Sa conversation était non-seulement instructive, mais encore agréable et piquante. Appelé à vivre en contact avec les plus grands personnages de son temps, il avait conservé une simplicité et une modestie qui n'étaient égalées que par une droiture à toute épreuve. La mort d'un semblable citoyen, « de tous les élèves de Wimpheling, écrivait Erasme, le plus remarquable par sa science, par sa droiture, par la noblesse de son caractère, par sa sagesse », fut, dans sa ville natale, un deuil public; et son nom est encore, après plus de trois siècles, l'un de ceux que Strasbourg cite à bon droit avec le plus de fierté.

E. L.

SOURCES : Jean Sturm, *Consolatio ad senatum argent. de morte clariss. et nobiliss. viri D. Jacobi Sturmii*, Strasbourg, 1553, — *Amœnitates friburgenses*, Ulm, 1775, passim. — Archives de la ville de Strasbourg, *Rathsbuch*, et *Invent. somm.*, AA, lad. 48. — Melchior Adam, biogr. de Sturm dans *Vitæ german. jurisconsult. et politic.*, Francfort, 1705. — Ernest Lehr, biogr. de Sturm, dans *Mélanges de littérature et d'histoire alsatiques*, Strasbourg, 1870, p. 147-228.

LAZARE DE SCHWENDI

SCHWENDI, LAZARE DE

Homme de guerre et d'Etat, naquit en 1522, dans le château de ce nom. Le village considérable de Schwendi est situé dans la gracieuse vallée de la Roth, baillage de Laupheim, Wurtemberg. Il faisait jadis partie des possessions antérieures de l'Autriche; à son extrémité nord, sur la place d'un *burg*, au milieu du cimetière entouré d'un mur épais, se trouve une église élevée par Marquard, neveu de notre héros, en l'honneur de saint Etienne et qui contient les monuments funéraires de plusieurs membres de la famille. Le nom de Schwendi remonte jusqu'au dixième siècle, au règne de l'empereur Henri Ier. Henri de Schwendi guerroyait en Palestine en 1228. La famille de Schwendi était établie primitivement dans la Suisse, où elle possédait dans l'Entlibuch le château du même nom. Après la bataille de Sempach, 1386, elle émigra en Souabe, où Guillaume fonda la branche souabe et Rutland la branche alsacienne.

Après de brillantes études à Bâle et à Strasbourg, Lazare, fils de Rutland, entra au service de Charles-Quint, qui l'employa dans ses guerres et dans ses négociations. En 1548, pendant la diète d'Augsbourg, il fut chargé d'arrêter à Wissembourg Sébastien Vogelsberger, qui, malgré les défenses de l'empereur, avait pris du service en France et qui, pour cette rébellion, eut la tête tranchée à Augsbourg.

En 1552, Charles-Quint éleva Schwendi au rang

de chevalier, en considération de sa bravoure, de ses connaissances et des services rendus au siége de Magdebourg, de plus il lui décerna le titre de conseiller et le Palatinat, c'est-à-dire le *jus creandi notarios, legitimandi, tutores et curatores dandi*, etc.

De 1552 à 1564, Schwendi fit campagne dans les Pays-Bas. Il assista au siége de Saint-Quentin et à la bataille de Gravelines; il acquit toute la confiance de la reine Marie, gouvernante des Pays-Bas, et le roi d'Espagne lui fit une pension.

En 1564, il fut nommé généralissime contre les Turcs et contre leur allié Zapolya. L'hiver de 1565 à 1566, il le consacra à la rédaction d'un petit traité sur la manière de combattre les Turcs, qui jette un jour curieux sur la personne du général et le système militaire de l'époque. La guerre dura trois ans avec des succès divers; en 1568, l'empereur et le sultan conclurent une trêve de huit années. Le caractère de Schwendi s'était montré digne des circonstances. La douceur et l'humanité en formaient les principaux traits. Il maintenait une stricte discipline, veillait à l'exact paiement de la solde et détournait ses gens du vol et du pillage. Il était inaccessible à la corruption, confiait les dépêches et avis aux hommes dont il se savait sûr et défendait sous des peines sévères les rapports qu'on aurait pu faire de son camp. Lorsqu'avait lieu un combat singulier, il commandait de laisser durer la lutte jusqu'à ce qu'un des combattants fût tombé: si l'instigateur était le vainqueur, il le faisait chasser.

Il avait acheté la seigneurie du Haut-Landsperg en 1563. En 1573, il y joignit le bailliage impérial de Kaysersberg. En 1574, à la demande de Maximilien II, il lui adressa un mémoire sur le gouvernement du Saint-Empire et sur la liberté des cultes, mémoire publié en 1612 et inséré dans les recueils de Goldast et de Lunig. Dans cet écrit, où la pensée est à la hauteur du patriotisme, l'auteur conseille à l'empereur de donner la paix à ses états par la liberté de conscience et par une tolérance égale pour les deux cultes. La mort de Maximilien, arrivée deux ans après, ne permit pas à cet empereur d'accomplir l'œuvre en question, mais si son successeur avait suivi semblable conseil, la guerre de Trente ans n'aurait pas de place dans l'histoire d'Allemagne. Schwendi accommoda aussi la ville de Munster avec l'abbaye de Saint-Grégoire et cette transaction ne cessa de régler les rapports ultérieurs des deux parties.

Schwendi mourut le 28 mai 1584 à Kirchhofen (Baden) et fut enterré dans l'église de Kientzheim où l'on voit son monument funéraire avec celui de son fils Guillaume. Conformément à sa volonté dernière, il est représenté armé de toutes pièces, comme il avait vécu, et appuyé sur son bâton de commandement. Son fils Guillaume mourut le 17 janvier 1609. Il est, comme son père, représenté avec son armure, mais il a la tête sur un oreiller, en signe qu'il est mort dans son lit. Les détails de ces deux armures sont remarquables, parce qu'ils montrent les modifications survenues dans le costume militaire des chefs entre les années 1583 et 1609. Le fils a la fraise élevée, la cuirasse en pointe, quelque chose de plus efféminé déjà dans l'agencement des armes défensives. A leurs côtés sont leurs casques et leurs armoiries de famille aux huit fers de lance croisés quatre par quatre, écartelés de l'aigle de la seigneurie de Haut-Landsperg. On retrouve ces armoiries, lances d'or sur azur, tantôt avec l'aigle, tantôt avec barre, sur quelques vieilles cheminées du château de Kientzheim.

C'est à Schwendi que Kientzheim doit apparemment la naturalisation du raisin de Tokay, car le vainqueur de Tokay dut se plaire à rapporter ce trophée de ses campagnes en Hongrie.

Schwendi fut marié deux fois, d'abord avec une fille du maréchal Bœcklin de Bœcklinsau, puis avec Eléonore comtesse de Zimmern. De son premier mariage il eut son fils Guillaume, qui laissa un renom de dissipateur. Il avait acheté une maison à Strasbourg et le 30 mars 1577 il reçut licence personnelle d'y habiter. Par son testament il nomma la ville de Strasbourg son exécuteur testamentaire et lui légua dix mille florins pour les études de jeunes gens pauvres.

Outre les productions de Schwendi déjà mentionnées, il faut citer :

1° Dans l'ouvrage du patricien de Venise Lazare Soranzo : *De bello contra Turcos prudenter gerendo* (circa 1600) un long chapitre : *Quomodo Turcis sit resistendum*. C'est un des rares ouvrages latins sortis de la plume d'un homme de guerre allemand.

2° *Kriegs-Discurs....* Frankfurt a. M., 1593. Ce discours fut publié par Hans Lewenklaw d'Amelbauern, qui se trouvait en possession du manuscrit et avait souvent été invité à le mettre au jour. Grimm l'a utilisé comme texte de langue dans son dictionnaire.

3° Des poésies sur la vie de la cour, la vie militaire, etc. Ces ïambes vigoureux et emportés ont été publiés par son récent biographe.

P. Ristelhuber.

SOURCES : Mossmann, *Liste préparatoire du Dict. biographique*. — V. Janko, *Lazarus Freiherr von Schwendi*, Wien 1871. — V. Zwiedineck-Südenhorst, *Kriegsbilder aus der Zeit der Landsknechte*, Stuttgart 1883.

Portrait dans la collection Blotius à Vienne.

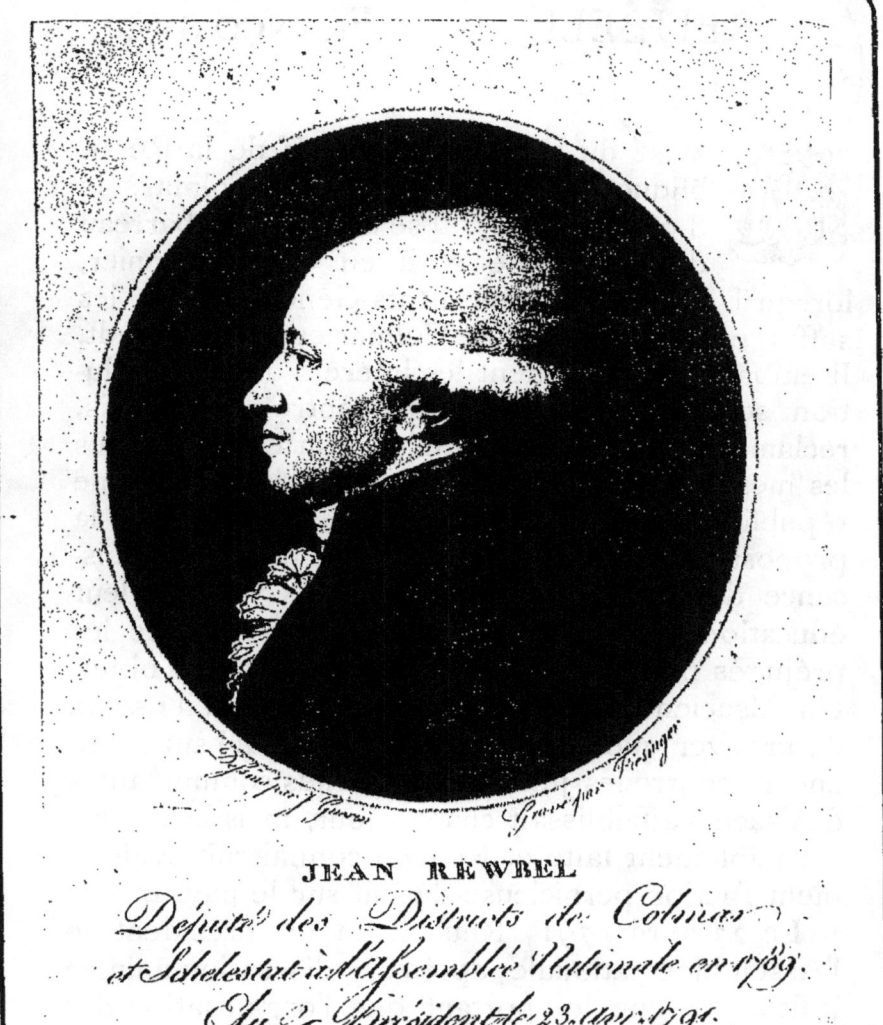

REUBELL, Jean-François

REUBELL, Jean-François

MEMBRE du Directoire exécutif de la République française, naquit à Colmar, le 8 octobre 1747. Il se distingua au barreau de cette ville et il en était bâtonnier, lorsqu'il fut appelé aux Etats-Généraux par les suffrages des bailliages de Colmar et de Schlestadt. Il embrassa chaudement les intérêts de la Révolution, se prononça avec énergie contre ses ennemis, réclama une loi contre l'émigration et vota toutes les mesures qui tendaient à faire de la France une république. Le 28 janvier 1790, il combattit la proposition tendant à admettre les juifs à la jouissance des droits de citoyen, vu les vices de leur éducation, leur peu de lumières et vu même les préjugés populaires dont ils étaient encore l'objet. Un Alsacien lui écrivit alors une lettre où il essaya de prouver que l'opinion défavorable qui subsistait encore contre les juifs dans certaines communautés d'Alsace s'affaiblissait chaque jour, mais la preuve est faiblement faite et Reubell connaissait évidemment l'action pernicieuse du juif sur le paysan.

Le 23 avril 1791, Reubell fut élu président de l'Assemblée nationale; après une discussion animée il fit voter une loi portant que l'organisation des assemblées coloniales ne subirait aucun changement, mais qu'à l'avenir les hommes de couleur nés de parents libres auraient le droit d'y être admis.

Nommé secrétaire général du Directoire du Haut-Rhin, Reubell représenta ce département à la Convention. Le 20 septembre 1793, il vota l'établissement de la république ; il pressa aussi la mise en cause de Louis XVI, mais ne vota point dans le procès, ayant été envoyé en mission à Mayence peu avant l'époque du jugement. Rappelé à Paris pour répondre à l'accusation d'exactions et de rapines, il reparut à la Convention le 4 août 1793 et parvint aisément à se justifier. Le comité de salut public déclara qu'il n'avait cessé de bien mériter de la patrie. C'est qu'il était, suivant Thiers, « d'une sévère probité. Malheureusement il n'était pas sans un peu d'avarice, il aimait à employer sa fortune personnelle d'une manière avantageuse, ce qui lui faisait rechercher les gens d'affaires et ce qui fournissait de fâcheux prétextes à la calomnie ». Entré en septembre 1795 au conseil des Cinq-Cents, il fut, le 1er novembre, choisi par le conseil des Anciens comme l'un des cinq membres du Directoire exécutif. « Il soignait beaucoup la partie des relations extérieures et il portait aux intérêts de la France un tel attachement qu'il eût été volontiers injuste à l'égard des nations étrangères. Républicain chaud, sincère et ferme, il appartenait originairement à la partie modérée de la Convention, et il avait un égal éloignement pour Carnot et Barras, l'un comme montagnard, l'autre comme dantonien. Ainsi Carnot, Barras, Reubell, issus tous trois de partis contraires, se détestaient tous trois... mais ils contenaient leurs ressentiments et travaillaient avec accord à l'œuvre commune. »

Reubell devint président du Directoire, c'est-à-dire chef nominal de la république, et fut, au 18 fructidor, un de ceux qui s'opposèrent à l'effusion du sang. Pendant les quatre orageuses années qu'il exerça ses fonctions, la raideur de son caractère et l'opiniâtreté avec laquelle il tenait à ses opinions choquèrent ceux avec lesquels il avait à traiter. Barras avait l'art, dans sa société qui était nombreuse, de diriger contre lui les plus odieux soupçons. Une circonstance malheureuse contribuait à les autoriser. L'agent du Directoire en Suisse, Rapinat, était beau-frère de Reubell. On avait commis en Suisse les exactions qui se commettaient dans tous les pays conquis, beaucoup moins cependant que partout ailleurs. Mais les plaintes excessives de ce petit peuple avare avaient causé une rumeur extrême. Rapinat avait eu la commission malheureuse de mettre le scellé sur les caisses et sur le trésor de Berne; il avait traité avec hauteur le gouvernement helvétique; ces circonstances et son nom, qui était malheureux, lui avaient valu de passer pour le Verrès de la Suisse, pour l'auteur de dilapidations qui n'étaient pas son ouvrage. Il avait même quitté la Suisse avant l'époque où elle avait le plus souffert. Dans la société de Barras on faisait de malheureux calembours sur son nom, et tout retombait sur Reubell.

Il fallait choisir un nouveau directeur. Le hasard ne servit pas la république, car, au lieu de Barras, ce fut Reubell, le plus capable des cinq, qui fut désigné pour membre sortant. Ce fut un grand sujet de satisfaction pour tous les ennemis de ce directeur et une occasion nouvelle de le calomnier plus commodément. Cependant, comme il avait été élu au conseil des Anciens, il saisit une occasion de répondre à ses accusateurs et le fit de la manière la plus victorieuse.

Reubell se retira le 16 mai 1799. Lorsqu'après le 18 brumaire Bonaparte lui offrit une haute position, il répondit par ces fières paroles : « je ne puis accepter, car je ne vous aime pas ; vous affectez les allures d'un despote, et je déteste la tyrannie ».

Reubell mourut à Colmar le 23 novembre 1807, pauvre et oublié. C'était le plus jeune enfant de

Jean Reubel (*sic*), avocat-interprète au Conseil souverain, et de Madeleine-Elisabeth-Domitille Simottel. Il avait épousé, le 16 octobre 1775, Marie-Anne Mouhat, fille de Jean-Jacques, procureur au Conseil souverain, de qui il eut deux fils. Un arrière-petit-fils de Reubell habite Paris. Colmar, qui a érigé deux monuments à deux serviteurs de la monarchie, a quelque chose à faire pour la mémoire du directeur de la république Reubell.

SOURCES : *Lettres d'un Alsacien sur les Juifs d'Alsace*, Paris, 1790. — Véron-Réville, *Histoire de la Révolution française dans le département du Haut-Rhin*, Colmar, 1865. - *Gemeinde-Zeitung für Elsass-Lothringen*, Strasbourg, 18 mars 1883. — Thiers, *Histoire de la Révolution française*. t. IX.

Portrait dessiné par J. Guérin et gravé par Fiesinger.

www.ingramcontent.com/pod-product-compliance
Lightning Source LLC
Chambersburg PA
CBHW070638170426
43200CB00010B/2067